Foto von James Azar Salem

TIFFANY JEWELL ist die Tochter eines Schwarzen Vaters und einer *weißen* Mutter. Sie ist nicht nur eine Schriftstellerin, sondern auch antirassistische Montessori-Erzieherin und Beraterin. Sie verbringt ihre Zeit mit Brotbacken, Legos bauen, britische Detektivserien schauen und darüber nachzudenken, wie sie die *weiße* Vorherrschaft auseinandernehmen kann. Aktuell lebt sie in West-Massachusetts (auf besetztem Land, das den Wabanaki und den Nipmuck gehörte) mit ihren zwei kleinen Aktivist*innen, ihrem Partner und einer Schildkröte, die sie hat, seit sie neun Jahre alt ist. Das ist ihr erstes Buch für Kinder und junge Erwachsene. Auf Instagram findest du sie unter @tiffanymjewell.

Foto von Aurélia Durand

AURÉLIA DURAND ist eine französische Illustratorin aus Paris. Ihre Arbeit ist der Repräsentation von People of Color in der Gesellschaft gewidmet und sie nutzt mutige Kunst als eine lebendige Demonstration. Ihre Arbeiten sind in Werbekampagnen, Galerien und Magazinen erschienen. Zu ihren Kunden gehören Firmen wie Apple, Facebook und Refinery29. Sie zeigt ihre Arbeit auf verschiedenen Plattformen und hauptsächlich Instagram, wo sie täglich Illustrationen, Live-Malerei und Animationen postet. Auf Instagram findest du sie unter @4ur3lia. www.aurelia-studio.com

INSTITUT FÜR DISKRIMINIERUNGSFREIE BILDUNG

Das IDB verfolgt das Ziel, zum Abbau von Diskriminierungen, wie Rassismus, Sexismus, Klassismus oder Diskriminierung aufgrund von körperlicher Beeinträchtigung, beizutragen. Neben Beratungsleistungen bietet das IDB wissenschaftlich fundierte Fort- und Weiterbildungsangebote sowie Inhouse-Seminare und Vorträge für verschiedene Zielgruppen im Themenfeld Diversität und Diskriminierung an. Mehr dazu unter www.diskriminierungsfreie-bildung.de

DAS BUCH VOM ANTI-RASSISMUS

VON TIFFANY JEWELL
ILLUSTRIERT VON AURÉLIA DURAND

ÜBERSETZT VON ELVIRA WILLEMS
LEKTORIERT VOM INSTITUT FÜR DISKRIMINIERUNGSFREIE BILDUNG

Zuckersüß

AUFWACHEN: VERSTEHEN UND IN MEINE IDENTITÄTEN HINEINWACHSEN

DAS FENSTER ÖFFNEN: DIE WELT VERSTEHEN

MEINEN WEG WÄHLEN: IN AKTION TRETEN UND AUF RASSISMUS REAGIEREN

DIE TÜR AUFHALTEN: SICH SOLIDARISCH GEGEN RASSISMUS EINSETZEN

ANMERKUNG DER AUTORIN

*Schwarze Menschen, **Indigenous**, People of Colour und **Angehörige der Globalen Mehrheit** schreibe ich groß, um die Stimmen und das Leben derjenigen in den Mittelpunkt zu stellen, die **marginalisiert**, zum Schweigen gebracht und lange Zeit aus der Geschichte verdrängt wurden. Durch meine Wortwahl zeige ich mich solidarisch.* Weiß *wird kursiv geschrieben, denn* weiß *meint nicht lediglich den Hautton einer Person, sondern eine gesellschaftlich dominante Machtposition.*

*Ich bezeichne **BIPoC** nicht als „Minderheit", denn wir sind die Mehrheit in der Welt. Rassistische Sprache macht uns klein und führt dazu, dass wir unsere Wurzeln und unsere Vorfahr*innen vergessen; wir erzählen unsere Geschichte dann zwar mit unseren eigenen Worten, doch diese Worte wurden von den Unterdrücker*innen geprägt.*

***Rassismus** und soziale Identitäten wurden von Menschen konstruiert (oft mit Rückendeckung der Wissenschaft), und wir etikettieren uns immer noch selbst auf eine Art und Weise, die das Weiß-Sein und die dominante Kultur in den Mittelpunkt stellt. Bitte verwendet so oft wie möglich Begriffe, die euch, eure Familie und eure Geschichte ehren. Verwendet Begriffe, die diejenigen respektieren, die unablässig zum Schweigen gebracht und ignoriert, umbenannt und ihrer Geschichten beraubt wurden. Holt euch die Sprache zurück, die gestohlen wurde und über Jahrzehnte verloren war.*

Liebe Leser*innen,

ich habe dieses Buch für euch geschrieben, für euch alle. Die Worte auf diesen Seiten sind für unsere Vorfahr*innen und diejenigen, die eigentlich noch nicht unsere Vorfahr*innen sein sollten, die aber zu früh gestorben sind. Ich habe es geschrieben, weil ich für Befreiung und Menschlichkeit brenne.

Es ist das Buch, von dem ich mir wünschte, ich hätte es gehabt, als ich jünger war. Das Buch, das ich meinen Kindern geben werde. Es ist voller Informationen, die ich nicht bekommen habe, als ich jünger war, und die ihr wahrscheinlich nicht in der Schule bekommt.

Beim Schreiben war mir oft das Herz schwer. Es trauerte um Emmett Till, Tamir Rice, Korryn Gaines, Michael Brown, Eric Garner, Sandra Bland, Bobby Hutton, Antwon Rose Jr., Stephon Clark, Rekia Boyd, Stephen Lawrence, Charleena Lyles, Alton Sterling, Philando Castile, Aiyana Stanley-Jones und Trayvon Martin und um all die, die wir mit unseren Hashtags ehren, unseren Tränen, unserem Frust und unserer Wut, unserer Erschöpfung und dem Feuer, weiterzumachen.

Ich bin Optimistin, deswegen teile ich diese Worte mit euch in dem festen Glauben, dass ihr dazu beitragt, Rassismus zu bekämpfen und darauf hinzuarbeiten, dass er endet. Wir brauchen Gerechtigkeit. Niemand sollte als ein mit Hashtag versehener Name in Erinnerung bleiben.

Ich hoffe, dass du dieses Buch als Ausgangspunkt für deine Reise in der großen Aufgabe des Antirassismus nutzt. Allein dadurch, dass du diese Seiten aufschlägst, widersetzt du dich Rassismus und **Unterdrückung**. Du erarbeitest dir ein waches Bewusstsein, das dich die Welt neu wahrnehmen lässt.

Vielleicht wird dir gesagt, du wärst zu jung, um über Rassismus zu sprechen. Du solltest aufhören, von Schwarzen und *weißen* Menschen usw. zu reden, und lieber alle Menschen als „Weltbürger*innen" betrachten. Vielleicht versuchen andere, dir weiszumachen, dass Rassismus heutzutage kein Problem mehr ist und deshalb auch nicht darüber geredet werden muss. Manche geben dir vielleicht das Gefühl, du wärst im Unrecht und wolltest nur Ärger machen. Doch das tust du nicht! Rassismus ist ein Problem, und zwar ein sehr ernstes, und wir müssen darüber reden, denn er verschwindet nicht von selbst, wenn wir nichts tun. Es ist gut, wenn du dieses Buch liest, und ich bin stolz auf dich, dass du es zur Hand genommen und aufgeschlagen hast.

Du sollst wissen, dass du auf dieser Reise nicht allein bist. Ich bin bei dir. Viele, viele Menschen sind bei dir, viele sind uns vorausgegangen und viele werden lange nach uns kommen. Zeig deinen Freund*innen und deiner Familie dieses Buch, denn den Kampf gegen Rassismus kannst du nicht allein führen. Schlag die **unterstrichenen Begriffe** im Glossar nach, falls du sie nicht verstehst.

Im Buch gibt es viele Stellen, an denen du innehalten und dir Fragen stellen kannst, um in deine Rolle als Aktivist*in hineinzuwachsen. Du lernst dabei mehr über dich selbst und unsere Geschichte, darüber, wie Rassismus entstanden ist und warum wir immer noch so darin gefangen sind. Wir arbeiten als antirassistische Kompliz*innen solidarisch zusammen, um Rassismus aufzulösen. Am besten liest du dieses Buch von vorn nach hinten, denn die Kapitel bauen aufeinander auf, sodass du ein tieferes Verständnis dafür gewinnst, was es heißt Antirassist*in zu werden. Vielleicht willst du es auch immer wieder lesen. Dies ist ein Anfang. Antirassismus ist eine lebenslange Aufgabe.

Mit solidarischen Grüßen
Tiffany

ANTIRASSIST*IN

Ein*e **Antirassist*in** ist jemand, die*der gegen Rassismus ist.

Antirassismus bedeutet, sich aktiv gegen Rassismus einzusetzen. Eine Verpflichtung einzugehen, sich gegen ungerechte Gesetze, Politik und rassistischen Haltungen zu verwahren. Durch Antirassismus befreien wir uns aus einer rassistischen Gesellschaft, die uns seit Jahrhunderten trennt und unterdrückt.

IN DIESEM ABSCHNITT:

- WER BIN ICH?
- WELCHE SOZIALEN IDENTITÄTEN HABE ICH?
- WAS IST „RASSE“?
- WAS IST RASSISMUS?

AUFWACHEN

VERSTEHEN UND IN MEINE IDENTITÄTEN HINEINWACHSEN

AUFWACHEN

01

WER BIN ICH?

Wer bist du?
Du bist du.
Du bist das einzige Du, das es gibt. Vieles macht dich zu der*dem, die*der du bist. Deine Identität macht dich zu dem, was du bist: **DU** – alle Teile, die dich einzigartig machen.

Du bestehst aus deiner Familie, Freund*innen, Nachbar*innenschaft, deiner Schule, dem, was du dir in den sozialen Medien ansiehst und in Büchern liest, was du hörst, wem du zuhörst, was du isst, was du trägst, was du fühlst und träumst, den Geschichten, die du unbedingt erzählen willst, und denen, die du lieber für dich behältst, und allem anderen.

DU BIST ALLES, WAS IN DIR IST, UND ALLES, WAS DICH UMGIBT.

Du bist deine Vorfahr*innen: die, die du nie gekannt, von denen du nie etwas gehört und die du nie gesehen hast, sowie die, denen du auf der Straße begegnet bist, neben denen du gesessen und an die du dich geschmiegt hast.

Du hast bestimmt schon mal gefragt: **„WER BIN ICH?“**, und andere haben gefragt: **„WER BIST DU?“**
Was antwortest du darauf? Was – wenn überhaupt – erzählst du anderen von dir? So war das bei mir mit 14 …

ICH BIN TIFFANY.

ICH BIN 14 JAHRE ALT.

ICH LEBE ZUSAMMEN MIT MEINER MUTTER UND MEINER ZWILLINGSSCHWESTER IN EINEM KLEINEN HAUS IN NEW YORK STATE. ICH BIN SCHWARZ MIT EINEM SCHWARZEN UND EINEM *WEISSEN* ELTERNTEIL, CIS, WEIBLICH. ICH HABE BRAUNE AUGEN, VIELE SOMMERSPROSSEN UND LOCKIGE HAARE, MIT DENEN ICH MICH IM LAUFE DER ZEIT ANGEFREUNDET HABE. ICH LESE UND BACKE GERN. ICH TANZE GERN MIT MEINEN FREUND*INNEN UND SCHREIBE SCHRECKLICHE GEDICHTE, DIE ICH NIEMALS JEMANDEM ZEIGE. ALL DAS MACHT MICH AUS …

DABEI BIN ICH NOCH SEHR VIEL MEHR.

DU entscheidest, welche Identitäten du der Welt zeigst und wie du das tust. Du entscheidest, wie du deine Identitäten benennst.

Deine Identität wächst und verändert sich, genau wie du. Manches ist statisch und bleibt dir immer erhalten. Meine Hautfarbe und die vielen Sommersprossen in meinem Gesicht habe ich schon, solange ich mich erinnern kann, und werde sie auch noch haben, wenn ich mal 103+ bin!

Andere Aspekte ändern sich (jeden Tag). Ich kann mein Haar hochgesteckt tragen, offen, geflochten oder glatt; ich kann es färben oder wachsen lassen – es liegt ganz an mir.

VIELE MENSCHEN WERDEN VERSUCHEN, DICH SO ZU VERÄNDERN, DASS DU IN EINE IMAGINÄRE SCHUBLADE PASST.

In dieser Schublade ist das, was wir die „dominante Kultur" nennen. Wenn du *weiß* bist, der oberen Mittelschicht angehörst, ein **cis** Mann bist, gebildet, sportlich, **neurotypisch** und/oder körperlich gesund, bist du in dieser Schublade. (Im nächsten Kapitel befassen wir uns näher damit.) Wenn du nicht in diese Schublade passt, betrachtet man dich als Teil der sogenannten „untergeordneten Kultur". Der „untergeordneten Kultur" gehören BIPoC als Angehörige der Globalen Mehrheit, queere, **trans** und **nichtbinäre** Menschen und cis Frauen, Jugendliche, Muslim*innen, jüdische Menschen, Buddhist*innen, Atheist*innen und Nichtchrist*innen, **neurodiverse** Menschen, Menschen mit Handicaps, Menschen, die in Armut leben, und weitere an. Es gibt viel mehr Menschen außerhalb dieser imaginären Schublade als solche, die hineinpassen.

Die dominante Kultur wird als „normal" betrachtet, und was „normal" ist, wird von denen bestimmt, die in der Schublade sind. Was „normal" ist, beeinflusst unseren Blick auf uns selbst und die Welt um uns herum.

*Wer ist klug? Schön? Wertvoll? Ein*e Anführer*in? Wer macht Stress?*

Viele Etiketten und Beschreibungen sind so, dass es scheint, als passten Menschen entweder mühelos in die Schublade oder nicht. Ich habe nie richtig reingepasst. Und du musst es auch nicht.

Unsere vielen Identitäten machen uns zu der Person, die wir sind. Sie helfen anderen zu verstehen, wer du bist, und helfen dir, die Menschen in deinem Leben und in der Welt besser zu verstehen. Sie verbinden und trennen uns. Wenn du verstehst, wer du bist, kannst du wachsen und dich selbst besser kennenlernen. Es kann dich leiten und ermächtigen. Die Welt wird versuchen, dir zu sagen, wer du bist, aber die*der Einzige, die*der das entscheidet, bist du.

DU HAST DAS RECHT, GESEHEN UND VERSTANDEN ZU WERDEN, OHNE DICH ZU VERSTELLEN.

Tu was!

1. Besorg dir ein Notizbuch. (Eins, das dir gefällt und das du gern mit dir herumträgst.) Schreib fünf Minuten lang alles auf, was dir einfällt, was dich zu der*demjenigen macht, die*der du bist.

Du stellst eine Liste deiner Identitäten auf!

Ich bin ...

weiblich, cis
Schwarz: Mein Vater ist Schwarz und meine Mutter ist *weiß*
light-skinned
Zwilling
Tochter
US-Amerikanerin der ersten Generation
Brotbäckerin
sommersprossig
groß und dünn
Schwester
Lockenkopf
englisch und US-amerikanisch
englischsprachig
Seitenschläferin
allergisch
Leserin
kreativ
Brillenträgerin
Bequeme-Klamotten-Trägerin
Schokoholic
stur
widerborstig
optimistisch
eine Extrovertierte, die Zeit zum Batterien aufladen braucht
eine Frostbeule
ein Drama-Kid
eine, die immer recht hat (jedenfalls wenn es nach mir ginge ...)
anderen manchmal ein Rätsel

2.

Zeichne deine **Identitäts-Karte**. Schnapp dir ein Blatt Papier oder mach in deinem Notizbuch weiter. Schreib deinen Namen in die Mitte und platzier deine Identitäten um dich herum. Du kannst die Karte auch illustrieren, schließlich ist es deine.

DOMINANTE KULTUR

Überprüf, bevor wir weitermachen, ob du diesen Begriff verstanden hast.

Die **DOMINANTE KULTUR** setzt sich aus den Menschen zusammen, die in einer Gesellschaft die meiste Macht haben und oft (aber nicht immer) die Mehrheit bilden. In den USA und im Vereinigten Königreich bilden *weiße* Mittelschichtsangehörige, die Christ*innen und **cis** sind, die dominante Kultur. Sie haben das Sagen in den **Institutionen** und haben Verhaltensweisen, Werte und Traditionen etabliert, die als akzeptabel gelten, als „Norm“.

AUFWACHEN

02

WELCHE SOZIALEN IDENTITÄTEN HABE ICH?

DEINE VIELEN IDENTITÄTEN BESTIMMEN ZUSAMMEN, WER DU BIST: EIN TEIL ALLEIN KANN DICH NICHT DEFINIEREN.

Einige Teile deiner Identität kreierst du selbst. Andere Teile werden von der Gesellschaft geschaffen. **„GESELLSCHAFT“** ist ein anderes Wort für Gemeinschaft. Diese Identitäten werden seit sehr langer Zeit von der Gesellschaft kreiert, benannt, festgeklopft und definiert. Es sind unsere **„SOZIALEN IDENTITÄTEN“**. Das sind die Teile von dir, die sich in Beziehung setzen zu anderen Menschen (in deiner Nachbar*innenschaft, deiner Stadt oder deinem Land). Ein Großteil unserer Kultur erwächst aus unseren sozialen Identitäten und den Gruppen, denen wir angehören.

KATEGORIEN

Unsere sozialen Identitäten werden in kleinere Einheiten oder Kategorien unterteilt, und in die werden wir dann reingeworfen. Das ist nicht immer unsere Wahl. Andere stecken dich womöglich in Kategorien, mit denen du dich vielleicht gar nicht identifizierst. Es ist ein Versuch, sich selbst und andere zu verstehen. So funktionieren unsere Gemeinschaften und Länder seit Jahrhunderten. Die Kategorien der sozialen Identität können uns helfen, uns und andere zu sehen und zu verstehen, aber sie bestimmen auch, wie andere uns behandeln. Es ist unsere Aufgabe, zu lernen und etwas zu tun.

Frag als Erstes: Was sind soziale Identitäten und warum gibt es sie? Analysier sie mit kritischem Blick, und dann mach dich daran, aufzudröseln, warum dies im Augenblick so ist.

DU
KANNST
EINE NEUE
GESCHICHTE
SCHAFFEN

Wir konzentrieren uns in diesem Buch hauptsächlich auf die Identität, die Rassismus uns verschafft. Doch es gibt innerhalb unserer Identitäten viele Kategorien, die Einfluss darauf haben, wie wir mit der Gesellschaft interagieren. Die Folgenden sind dir vielleicht bekannt:

Die Teile deiner Identität, die dir im Alltag deutlich bewusst sind, können sich, je nachdem, wo du bist, wer du bist und welche Erfahrungen du im Laufe deines Lebens machst, verändern. Die Identitäten, über die du nicht viel nachdenkst, selbst die, die du kaum bemerkst, bleiben dir immer erhalten.

PRIVILEG

Einige soziale Identitäten gehen mit Macht und Privilegien einher, andere nicht. Auch in uns gibt es Teile, die Macht besitzen, und andere, die unterdrückt werden. Deswegen arbeiten wir daran, unsere sozialen Identitäten in der Gesellschaft zu verstehen; wir müssen immer uns selbst als Ganzes betrachten. Die Identitäten, die in die imaginäre Schublade passen, sind üblicherweise die mit der meisten Macht und Handlungsfähigkeit.

Ein Bereich, in dem ich eine gewisse Macht habe, ist zum Beispiel die Sprache. Ich lebe in einem Land, wo hauptsächlich Englisch gesprochen wird. Ich kann Schilder und Hinweise lesen und verstehen. Ich kann in eine Schule oder in einen Laden gehen, und die Leute dort werden wahrscheinlich wissen, wovon ich rede. Ich muss mir darum keine Sorgen machen.

Privilegien sind die Vorteile, die man genießt, je nachdem, wie nah man der dominanten Kultur ist. Zum Beispiel hat ein *weißer* **cis**

Mann, der körperlich gesund ist und heterosexuell, der gut aussieht und Englisch spricht, mehr Privilegien als eine Schwarze **trans** Frau. Wer Privilegien genießt, hat Macht über andere. Nicht alle haben Privilegien. Menschen, die nicht von ihren sozialen Identitäten profitieren, die der untergeordneten Kultur angehören, haben wenige bis keine Privilegien und keine Macht.

Einige unserer Identitäten beinhalten gleichzeitig Privilegien und Nachteile. Weil ich eine cis Frau bin, muss ich mir keine Gedanken darüber machen, welche Toilette ich aufsuche. Ich bin handlungsfähig.

Doch als Frau genieße ich nicht dieselben Privilegien wie ein cis Mann. Es ist sehr wahrscheinlich, dass ich bei der Besetzung einer Führungsposition übersehen werde oder für dieselbe Arbeit weniger Geld bekomme. Während viele heterosexuelle cis Männer sich nachts unbesorgt draußen bewegen können, kann ich das nicht, ohne Angst zu haben, dass mir etwas passieren könnte.

Ich genieße zwar nicht dieselben Privilegien wie ein *weißer* cis Mann, doch ich genieße Privilegien, die trans Menschen und **nichtbinäre** Menschen nicht genießen, weil meine cis Identität größere Nähe zur dominanten Kultur hat.

INTERSEKTIONALITÄT

Ein Blick auf Intersektionalität hilft uns zu verstehen, wie unsere sozialen Identitäten unser ganzes Leben beeinflussen. Kimberlé Crenshaw, eine Schwarze Juristin, Autorin, Professorin und Bürger*innenrechtsaktivistin, hat 1989 den Begriff Intersektionalität geprägt, damit wir verstehen, dass

eine Frau zu sein UND Schwarz zu sein größere Nachteile mit sich bringt, als eine *weiße* Frau zu sein.

Eine Schwarze Frau wird als Frau ausgegrenzt und als Schwarze. Ihre Erfahrungen bilden eine Schnittmenge, die um so schmerzlicher ist. Wenn wir einen Menschen nur aus einer einzigen Perspektive betrachten, können wir sie*ihn und ihre*seine Erfahrungen nur mit Mühe verstehen.

*WENN WIR EINEN MENSCHEN IN ALL SEINEN ASPEKTEN BETRACHTEN UND SCHAUEN, WO SIE*ER UNTERDRÜCKT WIRD, VERSTEHEN WIR BESSER, WIE TIEF DISKRIMINIERUNG REICHT.*

Zu wissen, wer wir sind, wo wir handlungsfähig sind, wie unsere Identitäten entstanden sind und wie sie unsere Rollen in der Gesellschaft bestimmen, hilft uns, uns selbst zu verstehen. Nur dann können wir aus einem System, in dem manche Privilegien genießen und andere unterdrückt werden, eines machen, in dem wir alle befreit sind. (Über Privilegien erfahren wir mehr in den Kapiteln 15 und 17.)

Tu was!

Hol dein Notizbuch heraus. Stell eine Liste der in diesem Kapitel erwähnten **Kategorien sozialer Identitäten** zusammen. Fallen dir noch mehr ein? Jetzt notier deine Identität innerhalb dieser sozial konstruierten Kategorien.

Denk nach!

Was fällt dir auf? Gibt es Teile von dir, die innerhalb deiner Gemeinschaft Macht und Privilegien genießen? Gibt es Teile deiner Identität, die außerhalb der dominanten Kultur existieren?

WAKING UP

03

WAS IST „RASSE"? WAS IST ETHNISCHE IDENTITÄT?

Wenn wir in diesem Buch von „Rasse" sprechen, ist unter anderem die Idee von „Hautfarbe" relevant. Seit Jahrhunderten werden Menschen z.B. aufgrund der Vorstellung von unterschiedlichen „Hautfarben", verschiedener Haarstrukturen, Gesichtszüge und kulturellem Erbe unterteilt.

DAS KONZEPT DER „RASSE" ENTBEHRT JEDER WISSENSCHAFTLICHEN GRUNDLAGE, ES IST EIN ERFUNDENES, SOZIALES KONSTRUKT.

Die Kategorien für „Rasse" wurden von *weißen* Menschen der dominanten Kultur geschaffen. Mitte des 18. Jahrhunderts machten sich europäische Wissenschaftler daran, Menschen genauso zu kategorisieren wie Pflanzen und Tiere. Über einige dieser Wissenschaftler, wie Carl von Linné und Johann Friedrich Blumenbach, lernen wir heute noch etwas in der Schule.[1] Sie schufen eine vermeintlich „wissenschaftlich" begründete Hierarchie der Menschen, die „*weiße*" Europäer*innen an die Spitze stellte. BIPoC gelten in dieser Hierarchie als minderwertig.

Das, was Rassismus unter deine „Hautfarbe" fasst, wird zusammen mit vielen anderen Merkmalen weitergegeben. Schwarze Menschen haben mehr Melanin als *weiße* Menschen. Melanin ist das Pigment in unserer Haut, das uns vor den UV-Strahlen der Sonne schützt und bestimmt, wie viel Vitamin D produziert wird.

Als *Weiße* gelten heute in den USA Menschen, deren Vorfahr*innen aus Europa stammten, insbesondere aus Nordeuropa. Die Haut *wei-*

ßer Menschen weist die wenigsten Pigmente auf. Als Schwarze Menschen werden Personen bezeichnet, deren Vorfahr*innen meist Bezüge zum afrikanischen Kontinent haben (Afroamerikaner*innen sowie Menschen aus Jamaika, der Dominikanischen Republik, Haiti und anderen Ländern der Karibik). Schwarze Menschen können mehr Melanin haben. PoC bezieht sich unter anderem auf Menschen mit asiatischen und/oder **Latinx**[2] Vorfahr*innen. Indigenous sind die, deren Vorfahr*innen die ersten Menschen in einem Land oder einer Gegend waren. Viele Menschen haben Vorfahr*innen, die im Hinblick auf Rassismus zwei oder mehr verschiedenen Gruppen angehöre.

ETHNISCHE IDENTITÄT

Rassismus bedient sich auch Vorstellungen von „ethnischer Zugehörigkeit". Die ethnische Identität ist die kulturelle Erfahrung eines Menschen. Auch sie ist ein **gesellschaftliches Konstrukt**. Im Gegensatz zu dem Begriff „Rasse", der sich insbesondere auf körperliche Merkmale eines Menschen bezieht, verweist Ethnie z.B. auf die kulturelle Herkunft einer Familie – wie Sprache, Traditionen und Geschichten. Ethnische Identitäten sind zum Beispiel: Japanese American, Caribbean Navajo und Sudanese. Auch der Ort, von dem ein Mensch kommt, bestimmt die ethnische Herkunft mit.

Die Begriffe für diese Einteilungen sind, genau wie rassistische Kategorien, ständiger Veränderung unterworfen. So wurden *weiße* Menschen zum Beispiel in den USA früher als „kaukasisch" bezeichnet. Der Begriff wurde Ende des 19. Jahrhunderts durch den schon erwähnten deutschen **Anthropologen** Johann Friedrich Blumenbach populär. Er beschrieb „*weiße* Europäer*innen" und Menschen aus dem Kaukasus als den „schönsten Menschenstamme".[3] (Das war natürlich nur seine persönliche Meinung und entbehrte jeder wissenschaftlichen Grundlage.) Wir bezeichnen *weiße* Menschen in diesem Buch also als *Weiße*.

Ein weiteres Beispiel dafür, wie sich die Begriffe für die Kategorien verändert haben, ist die rassistische Fremdbezeichnung „Mulatte". Als Kind haben mich viele Leute (auch Lehrer*innen und Familienmitglieder) so bezeichnet. „Mulatte" geht auf das spanische und portugiesische Wort *mulato* zurück, was „junges Maultier" bedeutet. Früher war eine rassistische Annahme, Kinder mit einem Schwarzen und einem *weißen* Elternteil wären wie Maultiere, stammten also von zwei verschiedenen Arten ab. Der Begriff „Mulatte" wird zwar heute noch verwendet, aber er ist nach wie vor rassistisch. Ich bin kein Maultier. Ich bin ein ganzer Mensch.

Rassistische Kategorien funktionieren nicht überall in der Welt gleich: Sie hängen auch von der Geschichte des Rassismus am jeweiligen Ort ab.

In den USA wird im Hinblick auf Rassismus zwischen fünf offiziellen Kategorien unterschieden: *Weiße*, Indigenous American oder Alaska Native, Asian, Black oder African American und Native Hawaiian oder andere Pacific Islander. In Südafrika gibt es folgende rassismusrelevante Kategorien: Black African, Coloured, Indian oder Asian, *Weiße* und „andere". („Coloured" bezieht sich auf Menschen, deren Elternteile zwei oder mehr verschiedenen Gruppen angehören.) *Weiße*, Mestizo und Schwarze sind Kategorien in Uruguay. (Mestizo sind Menschen mit *weißen* europäischen und Indigenous Vorfahr*innen.)

Im Vereinigten Königreich beziehen sich die Kategorien auf eine Mischung aus rassismusrelevanten Positionen und ethnischen Lebenserfahrungen. Dazu gehören: *Weiße*, mixed/multi-ethnic, Asian/Asian British, Black/African/Caribbean/Black British und „andere" ethnische Gruppen.

Der Umstand, dass jedes Land im Zusammenhang mit Rassismus ein anderes System hat, Menschen einzuteilen, zeigt, dass die Ideen **„Rasse" und „Ethnie" wirklich nichts anderes sind als soziale Konstrukte.**

Die Begriffe, mit denen ich mich beschreibe, haben sich über die Jahre gewandelt. Mein Vater ist Schwarz und meine Mutter ist *weiß*. Ich habe hellbraune Haut, viele Sommersprossen im Gesicht, braune Augen und Locken. Meine ethnische Identität umfasst alles, was ich über meinen familiären Hintergrund weiß: Englisch, Afroamerikanisch, Französisch, Irisch und (wie mir erklärt wurde) Sioux. Als ich ein Kind war, etikettierte unser Schulbezirk uns als *Weiße*. Vielleicht, weil ich bei meiner *weißen* Mutter lebte? Weil ich light-skinned war? Weil in der Statistik noch ein paar *Weiße* fehlten? Ich weiß es nicht. Ich bin Schwarz mit einem Schwarzen und einem *weißen* Elternteil.[4]

„Rassismus" ist verwirrend. Es gibt keinen einzigen wissenschaftlichen Beweis dafür, dass *weiße* Menschen klüger, hübscher und besser sind. Und trotzdem hat die Spezies Mensch sich über Jahrhunderte daran orientiert. Ta-Nehisi Coates schreibt in „Zwischen mir und der Welt":

„DOCH ‚RASSE' IST DAS KIND DES RASSISMUS, NICHT SEINE MUTTER."

Die Menschen, die die meiste Macht haben, haben uns gelehrt, Menschen hinsichtlich ihrer vermeintlichen „Hautfarbe", ihrem Herkunftsland und ihrer körperlichen Merkmale zu kategorisieren. Menschen der dominanten Kultur haben über Jahrhunderte Gesetze, Politik und Institutionen geschaffen, die dafür sorgten, dass sie selbst an der Macht bleiben. Damit befassen wir uns eingehender im nächsten Kapitel.

Tu was!

Hol dein Notizbuch heraus oder nimm dir ein Blatt Papier, schnapp dir ein paar Lieblingsstifte und such dir einen Ort, wo du ungestört nachdenken kannst. Atme tief durch und denk über **Zusammenhang mit Rassismus und der kulturellen Herkunft deiner Familie nach**. Die folgenden Fragen können dir als Orientierung dienen:

1. Was weißt du über deine ethnische Identität?
2. Ist sie etwas, worüber du je mit deiner Familie und deinen Freund*innen gesprochen hast?
3. Denkst du darüber nach, ob du Schwarz, Indigenous, of Color oder *weiß* bist? (Wenn ja, wie oft?)
4. Denkst du auch über deine ethnische Identität nach?
5. Hast du das Gefühl, deine Position im Zusammenhang mit Rassismus und deine ethnische Herkunft ähneln einander? Vertragen sie sich?

ATME TIEF DURCH.

AUFWACHEN

04

WAS IST (PERSÖNLICHER) RASSISMUS?

Jemand hat mal gesagt, Rassismus wäre der Smog, den wir einatmen. Er hüllt uns vollkommen ein. Rassismus ist überall. Unser Leben ist von Rassismus verunreinigt, und das schadet uns allen. Je mehr wir uns des Smogs bewusst werden, desto besser können wir diese vergiftete Lebensweise bekämpfen.

Wenn Menschen das Wort Rassismus hören, kann vieles hochkommen, denn es gibt verschiedenste Erklärungen und Interpretationen. Jeder versteht unter Rassismus etwas anderes. Vielleicht kommt dir das eine oder andere bekannt vor:

RASSISMUS IST EIN SYSTEM, DAS AUF DER IDEE VON „RASSE“ BASIERT UND VORTEILE UND NACHTEILE SCHAFFT.

VORURTEILE + MACHT = RASSISMUS

VORURTEILE ODER DISKRIMINIERUNG AUFGRUND VON RASSISMUS.

DER GLAUBE, ES GÄBE GRUPPEN, DEREN MITGLIEDER JEWEILS VERSCHIEDENE MERKMALE HÄTTEN. DESWEGEN GLAUBEN LEUTE, MANCHE WÄREN UNTERLEGEN UND MANCHE ÜBERLEGEN.

Die beste Definition habe ich in einem antirassistischen Training gehört, an dem ich vor ein paar Jahren teilgenommen habe: Rassismus sind persönliche Vorurteile und Ressentiments UND **systemischer** Machtmissbrauch durch Institutionen. Wenn ich von Rassismus spreche, dann meine ich genau das.

RASSISMUS SIND PERSÖNLICHE VORURTEILE UND RESSENTIMENTS UND SYSTEMISCHER MACHTMISSBRAUCH DURCH INSTITUTIONEN.

AFRO
AFRO
AFRO

Wenn wir Rassismus so definieren, erkennen wir leicht, dass er unser aller Leben beeinflusst. Wir haben sehr viel Arbeit vor uns, um ihn aufzulösen.

RASSISMUS IST VIEL MEHR ALS NUR VORURTEILE!

Vorurteile haben wir alle. Wenn wir etwas aufgrund von **Vorurteilen** ablehnen, lehnen wir es ab, ohne es wirklich zu kennen. Einige Vorurteile sind uns bewusst, andere nicht. Wir haben sie quasi von unserem Lebensumfeld übernommen. Dazu gehören auch diskriminierende Stereotype. Auch, der dominanten Kultur anzugehören oder nicht, trägt zu Vorurteilen bei. Mit zwei Jahren bilden wir die ersten diskriminierenden Vorurteile.[5] Wir verinnerlichen unsere Vorurteile, und so werden sie zu einem Teil unseres Glaubenssystems. Doch wir können unsere Einstellung hinterfragen und verändern.

SCHÖNHEIT

An vielen Orten haben Menschen das Vorurteil verinnerlicht, helle Haut und europäische Züge wären begehrenswert. *Weiße* gelten als Standard für Schönheit. (Kommt dir das bekannt vor? Bedank dich bei Linné und Blumenbach.) Über Jahrhunderte haben Menschen geglaubt, Menschen mit dunkler Haut wären unterlegen. Hellhäutige Menschen wurden am besten behandelt, hatten die meiste Macht und haben das Vorurteil weitergegeben, helle Haut wäre überlegen. Um als schön zu gelten, um in die Schublade dessen zu passen, was als „normal" gilt, versuchen manche, ihre Haut mit Bleichcremes aufzuhellen, andere verwenden Chemikalien, um ihre Haare zu verändern. Ich habe als Teenagerin jahrelang versucht, aus meinen Locken glattes „*weißes*" Haar zu machen. Meine Mutter hat das sehr viel Geld gekostet, ich habe eine Menge Zeit auf dem Friseurstuhl vergeudet, und weh getan hat es obendrein. Dazu wurde eine Reihe von Chemikalien auf meinen Kopf aufgetragen, um die natürliche Textur meiner Locken aufzulösen. Nach mehreren Stunden wurden meine Haare dann mit einem sehr heißen Eisen geglättet. Dabei erlitt meine Kopfhaut Verbrennungen (die wochenlang nicht heilten), und meine Haare brachen in langen Strähnen ab. Die Wirkung hielt nicht besonders lange an. Nach ungefähr sechs Wochen war der krause Ansatz wieder deutlich zu sehen. Trotzdem habe ich es gemacht. Als ich 15 war, fragte der Junge, der das Schließfach neben meinem hatte, als er nach dem Schwimmen meine Locken sah: „Warum lässt du deine Haare nicht so?“ Ich wusste nicht, was ich ihm – und mir – antworten sollte. Ab da ließ ich meine Naturlocken in Ruhe. Wegen meiner Vorurteile gegen mein eigenes Haar und meinem Wunsch, mehr so auszusehen wie meine *weißen* Freund*innen, hatte ich einen Teil von mir abgelehnt.

Wir sind alle durch *weiße* Vorurteile geprägt. Doch das können wir ändern. Wir Menschen erhalten den Rassismus am Leben. Wenn wir uns nicht bemühen, unsere Vorurteile zu erkennen, bleiben wir ein Teil des Problems. Machen wir uns aber unsere Ressentiments und unsere Rolle im Rassismus bewusst, begreifen wir, dass wir Teil eines Systems sind, das viel größer ist als wir.

RASSISMUS IST TEIL UNSERER GESELLSCHAFT, ABER DAS MUSS ER NICHT SEIN.

Tu was!

Unterteil eine Seite deines Notizbuchs mit einer senkrechten Linie in zwei Hälften. Schreib ***„Ich bin …"*** über eine Spalte und ***„Und ich bin …"*** über die andere.

Notier in der „Ich bin …"-Spalte deine verschiedenen Identitäten. Und dann zeig in der „Und ich bin …"-Spalte, dass du mehr bist als diese Identitäten. Schreib auf, wer du wirklich bist.

Ich bin …

- ein Zwilling
- light-skinned
- Schwarz mit einem *weißen* und einem Schwarzen Elternteil
- US-Amerikanerin der ersten Generation
- sommersprossig

Und ich bin …

- ich.
- Schwarz.
- ein ganzer Mensch.
- stolz auf unsere Familiengeschichte.
- ganz begeistert über mein zusätzliches Melanin.

AUFWACHEN

05

WAS IST (INSTITUTIONELLER) RASSISMUS?

Was wir nicht wissen – mangelnde Informationen und fehlendes Wissen – trägt zu unseren Vorurteilen bei.

Viele Menschen, Ereignisse und Bewegungen haben keinen Eingang in die Geschichte gefunden. Geschichte wurde fast immer von Angehörigen der dominanten Kultur vorgetragen. Wenn man keine BIPoC im Fernsehen und in Filmen sieht, wenn ihre Geschichten nicht in unseren Geschichtsbüchern stehen, ziehen wir unsere eigenen Schlüsse, warum wir nur *weiße* Schauspieler*innen, Autor*innen und Models sehen. Es wird zur Normalität, die wir nicht mehr hinterfragen.

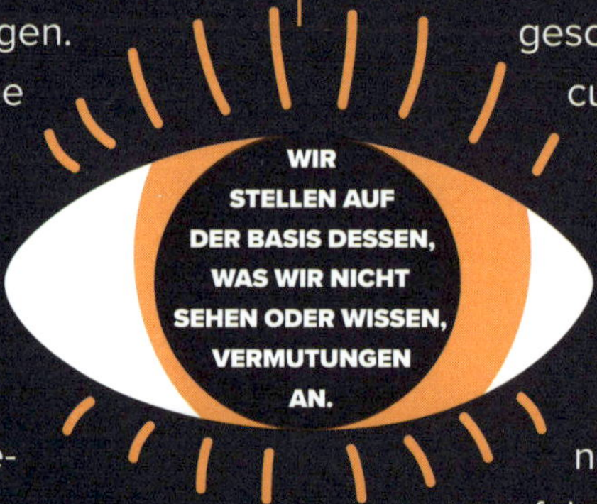

Wenn wir nur einen Bericht über die Geschichte durch eine einzige Perspektive lesen, erfahren wir nie die ganze Wahrheit.

In der Schule haben wir zum Beispiel etwas über die Lokalgeschichte von Syracuse in New York State gelernt. Es ist eine Stadt mittlerer Größe auf dem Land, das einst den Haudenosaunee gehörte. Wir erfuhren etwas über die verschiedenen Gruppen, die der Haudenosaunee-Konföderation angehörten, und über die Onodaga, die in Langhäusern lebten und das Land kultivierten, auf dem heute die Stadt Syracuse liegt. Viel haben wir nicht über die Onodaga gelernt: wie sie vor lan ger Zeit lebten und was Hiawatha und Wampum waren. Aber was wir über die Haudenosaunee erfuhren, betraf nur ihre Vergangenheit. Unsere Lehrer*innen haben nie jemanden aus der Onondaga-Nation eingeladen, vor unserer Klasse zu sprechen, haben uns nie Fotos gezeigt und uns keine Geschichten und Artikel von lokalen Indigenous-Autor*innen vorgelesen. Deswegen gingen wir, wie viele Schüler*innen in den USA, davon aus, Indigenous American hätten nur in der Geschichte existiert.

Wenn Berichte über Widerstand und Leistungen absichtlich nicht in unseren Geschichtsbüchern stehen oder nur aus der Perspektive der dominanten Kultur erzählt werden, haben wir keine Stimme. Niemand weiß, wer wir sind und dass es uns überhaupt gibt. Uns bleibt nur ein von den Unterdrücker*innen geprägtes Vermächtnis.

Die Black Panther Party gründete 1969 das Free Breakfast for Children Program, das es heute noch in vielen US-amerikanischen Vierteln und Schulen gibt. Doch wir kennen die Black Panther Party hauptsächlich aus negativen Schlagzeilen. Wir kennen Fotos, auf denen Mitglieder verhaftet werden, und ziehen daraus den Schluss, dass

STRENGE GESCHÄFTS-REGELN
STRUKTURELLER RASSISMUS
SYSTEMATISCHER RASSISMUS
DIE GROSSE LIEBE

die Black Panther gewalttätig sind. Wenn wir wissen, wer die Mitglieder der Black Panther Party sind, wofür sie sich zum Wohl ihrer Leute einsetzen, wogegen sie Widerstand leisten, sollten wir das teilen. Wenn ich es nicht von ihnen selbst gehört hätte, hätte ich es nie erfahren.

WAS SIND INSTITUTIONEN?

Zum Beispiel Regierung, Medien und Unterhaltung, Wirtschaft, Wohnungswesen, Banken, Strafjustizsystem, Bildungswesen und Gesundheitsfürsorge. Institutionen machen Gesetze, Politik, stellen Programme und Regeln auf. Menschen gründen Institutionen. Durch Politik, Regeln und, indem sie einer Gruppe mehr Mittel zur Verfügung stellen als anderen, sorgen Menschen und Institutionen für eine feste Struktur des Rassismus. Hier ein paar Beispiele.

WIRTSCHAFT

Obwohl **Diskriminierung** am Arbeitsplatz gesetzwidrig ist, ist sie gang und gäbe. Neuesten Studien zufolge haben durchschnittlich 24% der BIPoC in Europa rassistische Diskriminierung am Arbeitsplatz erlebt.[6] (In Italien liegt der Anteil sogar bei 44%.) In Studien nannten Befragte rassistische Diskriminierung hinsichtlich „Hautfarbe“, Aussehen, Akzent und Geburtsland.

In den USA dürfen Unternehmen und Konzerne Kleiderordnungen erlassen, die sehr streng regeln, welche Art von Kleidung Mitarbeiter*innen tragen dürfen, ob sichtbare Tätowierungen und Piercings erlaubt und wie die Haare zu tragen sind. Hinzu kommen häufig Richtlinien über „neutrale Frisuren“, und wenn jemand diesen nicht folgen kann, kann er gefeuert oder gebeten werden zu gehen. Laut dem Civil Rights Act sollen Unternehmen unterschiedliche äußerliche Merkmale von Menschen respektieren; aber Regeln zur genauen Festlegung der Frisuren sind nicht gegen das Gesetz – es ist also legal, Dreadlocks zu verbieten. (Das ist anti-Schwarze Politik.) Bis 2018 verbot die US-Marine Dreadlocks, Zöpfe und Topknots – Frisuren, die oft von Schwarzen nicht-binären **Femmes** und Frauen getragen werden. Im Vereinigten Königreich können Unternehmen Kleiderordnungen nach ihrem Belieben aufstellen, ob diese respektvoll gegenüber Gruppen sind oder nicht.

WOHNVERHÄLTNISSE

Der reichste Stadtbezirk Londons – Kensington & Chelsea – ist auch der Bezirk mit der größten Einkommensungleichheit in ganz London. Entsprechend ist Wohnraum hier am teuersten in der Stadt. Wohnungen für einkommensschwächere Mitglieder der Arbeiter*innenklasse lagen im 24-geschossigen Grenfell Tower, einem Sozialwohnungsbau. Während sich die Menschen nur eine Straße weiter saubere, sichere und solide Wohnungen leisten konnten, wurden die Bewohner*innen von Grenfell immer wieder ignoriert, wenn sie sich über schlechte Wohnverhältnisse und die billigen Materialien beschwerten, mit denen das Haus instandgehalten wurde. Niemand nahm die Reklamationen der Bewohner*innen ernst. Am 14. Juni 2017 brach in einer Wohnung im 4. Stock ein Feuer aus, ausgelöst durch einen defekten Kühlschrank. Die Bewohner*innen hörten die Feuermelder nicht, weil es keine gab. Den 350 Menschen, die in den 127 Wohnungen lebten, wurde gesagt, sie sollten sich nicht vom Fleck rühren, solange es nicht in ihren Wohnungen brannte. Während der Turm langsam von den Flammen verschlungen wurde, saßen viele Bewohner*innen in der Falle. 72 Menschen starben (zum größten Teil BIPoC und Menschen an der Armutsgrenze oder in Armut).[7] Der Londoner Bürgermeister Sadiq Khan kritisierte die Reaktion der Regierung auf die Tragödie.[8] Der Anwalt Imran Khan bemerkte, dass bei der Untersuchung der Verletzungen der Sicherheitsbestimmungen nicht auf institutionellen Rassismus eingegangen wurde.[9] Rassistische Diskriminierung im Wohnungswesen ist nicht nur im Vereinigten Königreich ein Problem, sondern weltweit. In der Stadt Philadelphia, USA, ist die Wahrscheinlichkeit, dass Schwarze Menschen einen Kredit bekommen, drei Mal geringer als bei *Weißen*.[10] Während 69% der *Weißen* ein eigenes Haus besitzen, ist dies nur bei 44% der Schwarzen der Fall; ja, die Zahl Schwarzer Hausbesitzer*innen geht seit über zehn Jahren immer weiter zurück.[11] Flint, Michigan, hat einen der höchsten Anteile an BIPoC-Bürger*innen (von denen 57% Schwarze/Afroamerikaner*innen sind) in den USA. Dort haben Menschen seit April 2014 keine saubere, sichere Trinkwasserversorgung.[12] Der Bürgermeister von Michigan hat gesagt, „‚Rassismus' und Klassismus" sind mitverantwortlich dafür, dass die Häuser von Flint immer noch nicht wieder mit sauberem Trinkwasser versorgt werden.[13]

REGIERUNG UND JUSTIZ

In Südafrika war 1948 die Nationale Partei, die aus *weißen* Kolonialisten bestand, an der Regierung. Sie baute den Apartheidsstaat auf, der von 1948 bis in die 1990er Jahre existierte. Arpartheid war legalisierter Rassismus mit dem Ziel, Menschen aufgrund ihrer vermeintlichen „Rasse" getrennt zu halten, um den *Weißen* den Machterhalt zu sichern. In Kapitel 8 wirst du mehr über Stephen Lawrence lesen und darüber, wie die Strafjustiz des Vereinigten Königreichs ihre Macht missbrauchte. Es dauerte 19 Jahre, bis die Mörder von Stephen überführt wurden, und selbst dann wurden von den fünf Menschen, die an dem Angriff beteiligt waren, nur zwei verurteilt. Eine Untersuchung der London Metropolitan Police Force kam zu dem Ergebnis, dass in der Polizeibehörde „institutioneller Rassismus" herrschte.[14]

BILDUNG

In den USA sind weniger als 20% der Lehrer*innen an den Schulen Angehörige der Globalen Mehrheit, während es bei den Schüler*innen über 50% sind.[15] Lehrer*innen verdonnern ihre BIPoC Schüler*innen öfter wegen angeblicher Respektlosigkeit zum Nachsitzen.[16] Hinzu kommen Regeln, die nicht erlauben, dass Schüler*innen ihr Haar natürlich tragen, und Curricula, die nicht unsere Kultur wiederspiegeln. BIPoC Kinder werden von ihren Schulen doppelt so häufig wie ihre *weißen* Klassenkamerad*innen der Polizei übergeben oder sogar in der Schule festgenommen. Schüler*innen können wegen „grobem Unfug" festgenommen werden – das reicht von wiederholtem Stören im Unterricht über die Weigerung, das Handy abzugeben, bis hin zu Prügeleien mit anderen Schüler*innen, also alles, was einen „normalen" Unterrichtsablauf stören kann. Im Vereinigten Königreich waren 2017 nur 1,5% der Erstsemester in Cambridge und 1,2% der Erstsemester in Oxford Angehörige der Globalen Mehrheit.[17] In den USA liegt der Prozentsatz an den Universitäten zwar höher, doch Schwarze und Latinx sind immer noch seltener vertreten als *Weiße*.[18]

GESUNDHEITS-FÜRSORGE

Rassismus in der Medizin hat in den USA und im Vereinigten Königreich eine lange Tradition – von unethischen erzwungenen Experimenten mit versklavten Menschen bis zu der Tatsache, dass man Einwander*innen aufgrund ihrer fehlenden Staatsangehörigkeit medizinische Behandlung verweigert.[19] Persönliche Vorurteile auf Seiten von Ärzt*innen und die historische Unterdrückung von BIPoC haben nicht nur zu einem tiefen Misstrauen gegenüber medizinischem Personal geführt, sondern auch zu einer geringeren Lebenserwartung von BIPoC.[20] Rund 5% der Ärzt*innen sind Schwarz und rund 6% Latinx.[21] *Weiße* und nicht-Schwarze Ärzt*innen haben mit hoher Wahrscheinlichkeit rassistische Einstellungen gegenüber Schwarzen Menschen, was Folgen für deren Behandlung hat.[22] Studien haben ergeben, dass ein Vorurteil etwa lautet, Schwarze Menschen hätten eine höhere Schmerztoleranz, was dazu führt, dass Ärzt*innen ihnen nicht glauben, wenn sie Hilfe suchen.[23] BIPoC erleben, dass sie bei denselben Krankheiten ungleich behandelt werden, und Ärzt*innen neigen dazu, BIPoC zu belehren und wenig respektvoll mit ihnen zu kommunizieren.[24, 25] Das führt auf Seiten der Patient*innen zu einem **internalisierten** Unterlegenheitsgefühl, was zur Folge hat, dass sie seltener medizinische Hilfe suchen. Solange diese Voreingenommenheit nicht erkannt und bearbeitet wird, haben Angehörige der Globalen Mehrheit eine geringere Lebenserwartung.

Denk dran: Die Menschen in den Institutionen erhalten Rassismus aufrecht oder verändern ihn.

Tu was!

SIEH DIR AN, WER **MACHT** HAT:

Wer ist Präsident*in oder Premierminister*in deines Landes?

Wer leitet die größten Firmen?

Wer ist Direktor*in deiner Schule?

Welche Autor*innen liest du?

Wer unterrichtet dich?

Welche Promis siehst du oft (in Zeitschriften oder in den Nachrichten)?

Wer schreibt die Nachrichten, die du liest?

WIE VERORTEN SICH DIESE PERSONEN IM HINBLICK AUF RASSISMUS (SIND SIE SCHWARZ, INDIGENOUS, PoC ODER *WEISS*)?

REFLEKTIEREN SIE DIE DOMINANTE KULTUR?

PASSEN DIESE MENSCHEN MÜHELOS IN DIE IMAGINÄRE SCHUBLADE?

WENN NICHT, UNTERSTÜTZEN SIE IDEEN, DIE IN DIESE SCHUBLADE PASSEN?

IN DIESEM ABSCHNITT:

- VORURTEILE SIND PERSÖNLICH
- DIE GESCHICHTE, DIE WIR IN UNS TRAGEN
- UNSERE GESCHICHTE KENNEN
- WIR SIND UNSERE GESCHICHTE

DAS FENSTER ÖFFNEN

DIE WELT VERSTEHEN

DAS FENSTER ÖFFNEN

06

VORURTEILE SIND PERSÖNLICH

Kann ich dir eine Geschichte aus meiner Kindheit erzählen? In der Schule hatte ich eine Lehrerin, die uns gern von den lustigen Ausflügen und Aktivitäten erzählte, die ihre beiden blonden Söhne in ihrer Schule unternahmen. Mit uns unternahm keiner so etwas. Sie lebten in einem Vorort, und ihre Schule hatte ein viel höheres Budget als unsere. Dort gab es auch Lehrer*innen, denen etwas an ihren Schüler*innen lag, denn diese waren wie sie. Ich glaube nicht, dass unserer Lehrerin etwas an uns größtenteils BIPoC Kindern lag. Als *weiße* Frau, Angehörige der dominanten Kultur, ließ sie uns ihre rassistische Einstellung spüren, ob mit Absicht oder nicht.

Das Klassenzimmer wirkte einladend. Unsere Tische standen in kleinen Vierergruppen. Die Fenster ließen viel Tageslicht herein. Die Leseecke mit den orangefarbenen Stühlen in einem Halbkreis um den kleinen Teppich hinten im Zimmer war ansprechend. Unsere Lehrerin las uns jeden Tag etwas vor. Mein Lieblingsbuch war *My Teacher is an Alien*.

Doch sie erinnerte uns immer wieder daran, dass sie das Sagen hatte, dass wir machtlos waren und dass das Leben mancher Menschen mehr wert war und das Leben anderer weniger. Einmal erlaubte sie einem Mitschüler den ganzen Vormittag nicht, zur Toilette zu gehen. Sein Tisch stand meinem schräg gegenüber. Er hob (wiederholt) die Hand. Unsere Lehrerin ignorierte ihn, bis ihm ein Malheur passierte, das zu seinen Füßen unter unseren Tischen eine Pfütze bildete. Sie reagierte weder mitfühlend noch sensibel. Sie schrie ihn an. Er war der einzige Latinx-Junge in unserer Klasse. Er hatte nichts Schlimmes getan. Sie wollte ihn demütigen und uns demonstrieren, dass sie die Macht besaß, uns unserer Menschlichkeit zu berauben. Sie entschied, ob wir auf die Toilette gehen durften, nicht wir. Sie gab meinem Klassenkameraden das Gefühl, sehr klein zu sein, und zeigte uns, dass ihr nichts an uns lag.

Ein andermal schrie sie meinen Schwarzen Freund vor der ganzen Klasse an, weil sie uns etwas Falsches erzählte und er sie korrigierte. Er und ich korrigierten unsere Lehrer*innen oft bei Rechtschreibfehlern. Ich weiß noch, dass er sie einmal darauf aufmerksam machte, dass „Asia" nur mit zwei a geschrieben wird, nicht mit drei. Sie schrie ihn an und bedachte ihn mit dem Namen eines Tiers, dem „Schwarzer" und „afrikanischer" vorausgingen. Sie sprach diese Worte mit so viel Wut, dass sie in ihrem Mund ganz hässlich wurden.

Sie wollte uns Angst vor meinem Freund machen. Ihre Worte sagten uns, dass etwas nicht damit stimmte, „Schwarz" und „afrikanisch" zu sein. Sie wollte uns das Gefühl geben, er wäre weniger als ein Mensch. Sie zeigte uns, dass ihr nichts an uns lag.

Dass meine Lehrerin rassistische Vorurteile hatte, war offensichtlich. Und sie hatte Macht. Das war nicht zu übersehen. Wir wussten es genau: Sie mochte keine BIPoC Kinder. Sie mochte unsere Stadtschule nicht. Das war sonnenklar. Wir verstanden nicht, warum sie unsere Lehrerin war. Warum blieb sie an unserer Schule? Warum erlaubte man ihr, dort zu bleiben? Warum interessierte es die anderen Erwachsenen nicht, dass sie so unfreundlich und ungerecht zu uns Neun- und Zehnjährigen war? Ich fühlte mich machtlos in ihrem Klassenzimmer, weil sie uns ihren Rassismus jeden Tag spüren ließ. (Im nächsten Abschnitt erzähle ich dir, was du tun kannst, wenn du je in so eine Situation kommst!)

Manche Formen des Rassismus sind leicht zu erkennen und zu benennen, andere sind weniger offensichtlich. Wir bemerken sie nicht gleich.

Zum Beispiel fragen mich, solange ich mich erinnern kann, Menschen in den USA: **„Was bist du?“** Manchmal gefolgt von: **„Nein, also, was bist du?“** Im Laufe meines Lebens habe ich verschieden darauf geantwortet. Ich bin Tiffany. Ich bin ein Mensch. Ich bin eine Person. Ich bin Schwarz. Ich habe einen Schwarzen und einen *weißen* Elternteil. Als Kind wusste ich nicht, was ich antworten sollte, denn ich wusste nicht, worauf mein Gegenüber hinauswollte. Die Frage, was ich bin, ist eine weitverbreitete Mikroaggression von Angehörigen der dominanten Kultur gegenüber Angehörigen der unterdrückten Kultur. Weil den Leuten nicht klar war, welcher rassistischen Kategorie sie mich zuordnen sollten, fragten sie mich. Sie wollten wissen, ob ich „eine von ihnen“ war oder nicht.

Ich hatte sogar eine Freundin, die ein Spiel daraus machte zu raten, welcher „Gruppe" ich angehöre. Aber Rassismus ist kein Spiel; er ist Bestandteil unseres Lebens.

MIKROAGGRESSION

Mikroaggressionen sind bewusste oder unbewusste Beleidigungen, unbedeutende oder feindselige negative Botschaften an Menschen, die nicht in die imaginäre Schublade der dominanten Kultur passen. Sie können jederzeit überall passieren. Manchmal sind es Äußerungen, zum Beispiel wenn jemand einen Schwarzen Deutschen in Berlin fragt: **„Wo kommst du her?"**

Ein andermal sind es Handlungen, wie zum Beispiel, wenn jemand beim Anblick eines Schwarzen Menschen auf die andere Straßenseite wechselt oder ein*e Ladenbesitzer*in eine Person of Color ignoriert und sich nur mit der *weißen* Kund*innenschaft befasst. Mikroaggressionen sind verletzend, auch wenn sie noch so klein sind.

INTERNALISIERTER RASSISMUS

Wiederholte Mikroaggressionen können zu geringem Selbstwertgefühl, Depressionen, angegriffener Gesundheit und dem Gedanken führen, die Stereotypen wären wahr. Betroffene internalisieren den Rassismus: Sie glauben, sie wären unterlegen, handeln den negativen Botschaften über Menschen ihrer Gruppe entsprechend und leugnen ihre Erfahrungen in der Gesellschaft.

PERSÖNLICHER RASSISMUS

Persönlicher Rassismus bekräftigt die Macht der Institutionen, die wiederum rassistische Vorurteile durch rassistische Gesetze und rassistische Politik stützen. Persönlicher Rassismus hat Trayvon Martin 2012 das Leben gekostet. George Zimmerman benutzte seine „Angst" vor Schwarzen Männern und seine verinnerlichte *weiße* Vorherrschaft, um zu rechtfertigen, warum er sich von dem Teenager „bedroht" fühlte. Trayvon war auf dem Heimweg von einem

Laden zum Haus seines Vaters. Er hatte eine Packung Skittles und eine Dose Eistee in den Händen. Zimmerman sah in Trayvon ein rassistisches Stereotyp und tötete ihn. Selbst als erwachsener Mann konnte er den jungen Trayvon als „Bedrohung" sehen (die dieser nicht war). Er wurde des Mordes für nicht schuldig befunden, weil die Institutionen die Werkzeuge schufen, mit Hilfe derer er frei kam. Aufgrund des **„Stand Your Ground Law"** konnte George Zimmerman nicht festgenommen werden, nachdem er Trayvon Martin erschossen hatte.[26] Er berief sich auf Selbstverteidigung (obwohl er im Auto saß und Trayvon zu Fuß unterwegs war), und wer sich in Florida auf Selbstverteidigung beruft, hat gute Chancen, nicht festgenommen zu werden. Wenn wir begreifen, dass Rassismus in jeder*jedem von uns fortlebt, können wir Fragen stellen und Strukturen genauer untersuchen. Ob wir (als Angehörige*r der Globalen Mehrheit) an internalisierter rassistischer Unterdrückung festhalten oder (als *Weiße*r* oder Person of Color, die als *Weiße*r* durchgeht) an internalisierter *weißer* Vorherrschaft, wir müssen uns unserer Vorurteile bewusst werden und sie in Frage stellen.

Tu was!

Nimm dir dein Notizbuch. Trag es einen Tag lang oder länger mit dir herum.

Achte auf **Mikroaggressionen**.

Schreib sie auf und halt deine Beobachtungen fest.

Schreib auf, gegen wen sie gerichtet sind und von wem sie – in Worten oder Handlungen – ausgehen.

Sieh dir deine Notizen an einem anderen Tag noch einmal an. Denk darüber nach, wie Worte und Handlungen sich auf den Menschen oder die Gruppe auswirken, gegen den oder die sie gerichtet sind.

VOREINGENOM-MENHEIT

Überprüf, bevor wir fortfahren, ob du diesen Begriff verstehst.

VOREINGENOMMENHEIT ist die persönliche Seite des Rassismus. Es ist die Haltung gegenüber einer Person oder einer Gruppe von Menschen aufgrund der sozialen Gruppe, der diese Menschen angehören. Voreingenommenheit kann auf Stereotypen beruhen, auf Fehlinformationen oder auf Angst, und sie ist zwar nicht immer negativ, aber meistens.

07

DIE GESCHICHTE, DIE WIR IN UNS TRAGEN

„DIE GESCHICHTE IST NICHT DIE VERGANGENHEIT. SIE IST DIE GEGENWART. WIR TRAGEN SIE IN UNS. WIR SIND UNSERE GESCHICHTE.“ – JAMES BALDWIN

Wenn wir unsere Geschichte in uns tragen, was genau tragen wir denn da?

Für mich ist es das Leben mit meiner Mutter und meiner Schwester in der Southside von Syracuse, New York State. Im Auto meines Vaters Tina Turner hören. Dass nach der Schule im Haus von Oma und Opa ein Tee mit viel Milch und ein Stückchen Cadbury-Schokolade auf mich warten. Auf der Beerdigung meines Großvaters nicht weinen. Dieselben Schulbücher zu haben wie meine Mutter und meine Onkel, als sie zur Schule gingen. Cousins und Cousinen von der Seite meines Vaters nicht zu kennen und zu vergessen, wie meine Onkel und Tanten aussehen. Mit einem schweren Bücherstapel von der Bücherei nach Hause gehen. Zum ersten Mal ohne Erwachsenen allein von der Schule heimgehen. Eislaufen nach der Schule. Lange in der Schule zu bleiben, um an der Choreografie für das Schulmusical zu arbeiten. Ganz allein die *Autobiografie von Malcolm X* zu lesen, nachdem mein Lehrer sie gegen den Film *Thelma und Louise* ausgetauscht hat. Die Einzige in meinen Seminaren an der Uni sein. All das und noch viel mehr.

IN MIR SIND SO VIELE DINGE. UND MEINE GESCHICHTE IST MEHR ALS NUR ICH.

MEINE GESCHICHTE BEGINNT MIT MIR.

Meine Geschichte beginnt lange vor mir. Sie beginnt zwischen Frankreich und England, als mein Familienname anglisiert wird. Mit meiner Mutter, die auf einem großen, fetten Schiff von England nach New York fährt. Und wie sie in der Schule ihren Akzent verliert. Mit meinem Vater, der in den Vietnamkrieg abberufen wird. Und der im Krankenhaus liegt, im Koma, nachdem er betrunken Auto gefahren ist. Meinem Opa, der meiner Oma einen Heiratsantrag macht. Nicht zu wissen, woher das „Jewell" in meinem Nachnamen kommt.

Meine Geschichte beginnt lange vor mir. Sie beginnt vor den Geschichten, die ich kenne, und denen, die ich gern kennen würde. Meine Geschichte beginnt vor Hunderten von Jahren ... genau wie deine.

WAS IST DAS FÜR EINE GESCHICHTE, DIE WIR IN UNS TRAGEN?

Die Geschichte, die wir in uns tragen, sind die drei Knechte, John Gregory, Victor (ohne Nachname) und John Punch, die 1640 flohen. Die ersten beiden waren *weiße* Europäer, John Punch ein Schwarzer aus Afrika. Die drei Knechte wurden in Maryland aufgegriffen, zurück nach Virginia zu ihrem Herrn gebracht und mit 30 Peitschenhieben bestraft. Die Leibeigenschaft der beiden Europäer wurde um ein Jahr verlängert. Doch John Punch wurde dazu verdonnert, seinem Herrn für den Rest seines Lebens zu dienen. Das Einzige, was die Urteilte trennte, war die vermeintliche „Rasse". „... soll der Dritte, da er ein N**** namens John Punch ist, seinem besagten Herrn ... für die Spanne seines Lebens hier oder andernorts dienen." John Punch war einer der ersten Knechte, die aufgrund von Rassismus zur Versklavung verurteilt wurden.

KOLONISATION

Die Geschichte, die wir in uns tragen, ist die der **Kolonisator*innen** und der Kolonisierten. Kolonisation bedeutet, dass eine Gruppe mit Macht und Mitteln eine andere Gruppe dominiert, oft durch Gewalt und Manipulation. Das Land, das sie kontrollieren, gibt den Kolonisator*innen sogar noch mehr Macht in der Welt. Die Menschen an kolonisierten Orten werden Untertan*innen unter der Herrschaft des dominanten Landes.

Die Brit*innen haben zu verschiedenen Zeiten überall auf der Welt viele Menschen und Orte kolonisiert, so etwa Indien, Jamaika, Somalia, Ghana, die Vereinigten Staaten, Birma, Kanada, die Falkland Inseln, Pakistan, Südafrika, Simbabwe, Ägypten, Bahrain, Katar, Australien, Singapur, Hongkong, Malta, Neuseeland und viele andere. Sie gründeten Siedlungen auf bereits besiedeltem Land, rissen die Reichtümer des Landes an sich und beuteten die Menschen aus. Und Großbritannien war nicht die einzige Kolonialmacht.

Dänemark kontrollierte Grönland und Teile von Ghana. Deutschland umfasste zeitweise das drittgrößte Kolonialreich und verfügte über eine Vielzahl von Gebieten, die ganz oder teilweise unter deutscher Kolonialherrschaft standen: Neben den heutigen Staaten Namibia, Tansania, Kamerun, Togo, Ruanda, Burundi, Ghana und einem Teil von Nigeria wurden auch Papua Neuguinea, die Republik der Marshall-Inseln, die Republik Nauru, die nördlichen Mariannen-inseln, Palau, die Föderierten Staaten von Mikronesien und West-Samoa von Deutschland besetzt und ausgebeutet.

In Frankreich ist die Geschichte, die wir in uns tragen, Louis XIV., der 1685 *Le Code Noir* erließ und damit Gesetze einführte, die versklavten Schwarzen Menschen (gezielt) jegliche Rechte absprachen. Sie wurden zu „beweglicher Ware“ erklärt und konnten gekauft und verkauft und von einer Generation an die nächste vererbt werden. Sie durften keinerlei Besitz haben. Die Aussage einer*s Schwarzer Sklav*in hatte vor Gericht kein Gewicht, und sie*er konnte durchaus eines Verbrechens verurteilt werden, wenn sie*er Opfer eines Verbrechens geworden war, doch Gerechtigkeit wurde nicht geübt. *Le Code Noir* sorgte dafür, dass Versklavung von der Mutter auf die Kinder überging. Das garantierte, dass selbst die Kinder, die *weiße* Herren mit ihren Sklavinnen zeugten, nicht dieselben Freiheiten besaßen wie ihre Väter.

Weiße Europäer*innen kolonisierten einen großen Teil der Erde, der längst von Menschen bewohnt wurde. Die Kolonisation trennte Menschen von ihren Familien, ihrer Sprache und ihrem Land. Die Folgen der Kolonialherr*innenschaft wirken bis heute nach; da ist noch viel Versöhnungsarbeit zu leisten.

Die Natur konnte sich nicht von landwirtschaftlichem Raubbau, reger Bautätigkeit und Abholzung erholen, die mit der Ausdehnung der Zivilisation einsetzten. Die Kolonisator*innen beuteten die Menschen und ihre Arbeit aus, um die Erde ihrer Schätze zu berauben, von Gold über Salz bis hin zu Diamanten und Öl. Und die Kolonialherr*nnenschaft endete niemals wirklich. Manche Länder sind heute zwar souverän und nicht mehr offiziell im Besitz anderer Nationen, doch sie blieben ihrer natürlichen Schätze beraubt zurück, mit übernutztem Land und unfruchtbarem Boden.

Heute ist die Beziehung zwischen Kolonisator*innen und Kolonisierten eine von „Hilfe und Wohltätigkeit“. Die kolonisierten Menschen und Länder wurden ihrer Schätze und ihres Wohlstands beraubt und brauchen jetzt Unterstützung, um zu überleben. Diese Beziehung lässt sich als „White Saviourism“ bezeichnen. Gutmeinende Menschen wollen Menschen retten, die einst ihrer Ressourcenberaubt wurden, statt ihnen ihre Macht zurückzugeben und die eigenen Privilegien aufzugeben.

Der transatlantische Handel mit versklavten Menschen war eine Katastrophe für die Schwarzen Menschen in Afrika, und wir sind noch heute, Jahrhunderte später, damit beschäftigt, die langanhaltenden Folgen und die **Traumata unserer Vorfahr*innen** zu heilen. Um die Versklavung zu rechtfertigen, beriefen sich Sklavenhalter*innen auf die vermeintlich wissenschaftlich fundierte Ansicht, Menschen unterschiedlichen Aussehens aus verschiedenen Regionen der Welt würden sich biologisch voneinander unterscheiden und wären entweder überlegen oder unterlegen.

Das Erbe der Versklavung ist die fortdauernde **systematische** Unterdrückung von BIPoC. Die Tatsache, dass unsere Schulen heute getrennter sind als während der Zeit der Segregation. Die bewusste Segregation unserer Gemeinden durch Städtebauer*innen, unterstützt von Regierungsämtern und Banken. Der im Vergleich mit *Weißen* extrem hohe Anteil Schwarzer Menschen in den Gefängnissen. Die Tatsache, dass eine durchschnittliche *weiße* Familie 41 Mal mehr Wohlstand besitzt als eine durchschnittliche Schwarze Familie.[27]

Das Erbe der Versklavung ist die alltägliche Normalität rassistischer Einstellungen.

DIE GESCHICHTE, DIE WIR IN UNS TRAGEN, IST IN UNSERER DNA UND DEN GESCHICHTEN, DIE UNS NIE ERZÄHLT WURDEN.

Meine Geschichte

Tu was!

Halt einen Augenblick inne. Nimm dir ein bisschen Zeit, **deine Geschichte** aufzuschreiben.

Wie lautet deine Geschichte? Woher kommst du? Welche Geschichten über dein Leben haben dich zu dem Menschen gemacht, der du jetzt bist? Wie lautet die Geschichte deiner Familie? Welche Geschichten wurden dir immer wieder erzählt? Über welche Geschichten weißt du nicht genug und würdest gern mehr erfahren?

Schreib deine Geschichte auf!

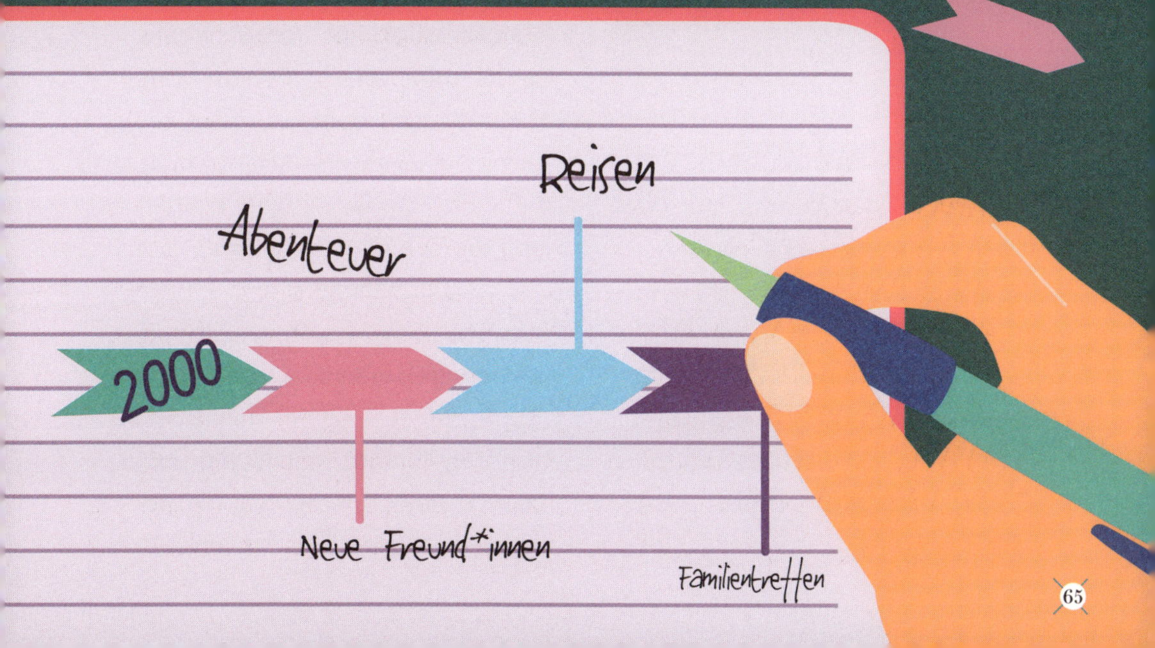

08

UNSERE GESCHICHTE KENNEN

Rassismus ist allgegenwärtig, er war über viele Jahrhunderte Teil unserer Geschichten und besteht auf der ganzen Welt noch heute fort.

In den USA ist die Geschichte, die wir in uns tragen, die Internate, die ab 1860 gegründet wurden, um Indigenous Americans in die „US-amerikanische Kultur" zu **assimilieren.**

Die erste Schule gründete das „Bureau of Indian Affairs" im Yakama Reservat. Man lehrte die Indigenous Kinder die Werte der dominanten Kultur (und den Protestantismus), um sie zu „zivilisieren". Die Regierung der USA unterhielt 60 solcher Schulen, in denen über 6000 Indigenous American Jugendliche die Lebensweise der *Weißen* lernen mussten. 1893 wurde die Schulbildung der Indigenous American Jugend per Gerichtsbeschluss verpflichtend. Polizei und Behördenvertreter*innen setzten dies durch, indem sie die Kinder aus den Familien holten. Wenn sich die Gemeinden weigerten (was sie taten), wurden ihnen Lebensmittelrationen und Mittel vorenthalten, die von der Regierung kontrolliert wurden.

Um die Kinder vollständig aus ihren Kulturen herauszulösen, lagen die Schulen weit ab von den

Reservaten und dem Einfluss ihrer Gruppen und Familien. 1879 gründete Colonel Richard Henry Pratt die Carlisle Indian School und leitete sie 25 Jahre lang. Er ist bekannt für seinen Ausspruch: „Kill the I*****, save the man.“[28] Er war überzeugt, nur wenn man die Kinder vollständig von ihren Familien und ihrem Zuhause im Reservat isolierte und sie ganz in der *weißen* Gesellschaft hielt, könnten sie sich in der dominanten Kultur assimilieren. Die Mädchen verbrachten mehr als den halben Tag in der Schule damit, kochen, putzen und nähen zu lernen, die Jungen wurden zu Bauern und Schmieden ausgebildet. Die Bedingungen waren oft schlecht. Essen wurde als Strafe vorenthalten, Kinder mussten weit weg von zu Hause als Dienstbot*innen arbeiten. 1978 räumte man Indigenous American Familien das Recht ein, selbst über die Ausbildung ihrer Kinder zu entscheiden und sie bei sich im Reservat zu behalten. **1978, das ist noch gar nicht lange her.**

Diese Schulen dienten als Vorbild für Internate in Australien und Neuseeland, die 1814, finanziert von der britischen Regierung, von christlichen Kirchen gegründet wurden, um Indigenous, Aboriginal und Maori Kinder zu assimilieren und zu Farmhelfer*innen und Haushaltshilfen auszubilden. Die letzten Internate wurden erst in den 1980er Jahren geschlossen. Diese Kinder nennt man die **„Gestohlene Generation“**.

Bildung wurde als Waffe eingesetzt. Die Kinder der Aborigines wurden den Familien entrissen und ihrer Haare, ihrer Sprache, ihrer Kultur, ihres Erbes und ihrer Namen beraubt.

Die Geschichte, die wir in uns tragen, ist die Windrush-Generation. Die Kinder der Kolonisierten wurden auf einem großen Schiff, der *HMT Empire Windrush*, aus der Karibik nach Großbritannien gebracht. Tausende Menschen gelangten so zwischen 1948 und 1971 aus den Kolonien nach Großbritannien. Sie kamen aus Jamaika, Barbados, Trinidad und Tobago und anderen Ländern der Karibik, um zu arbeiten. Die britische Regierung lud sie ein, denn in den Jahren nach dem Zweiten Weltkrieg herrschte

Arbeitskräftemangel. Das Zuwanderungsgesetzt von 1971 sicherte Bürger*innen der Commonwealth-Staaten ein lebenslanges Bleiberecht in Großbritannien. Viele Menschen der Windrush-Generation waren, als sie nach Europa kamen, in den Pässen der Eltern eingetragen. Sie gingen davon aus, die britische Staatsbürger*innenschaft längst zu besitzen, und ließen sich keine Papiere oder Ausweise ausstellen.

Seit Januar 1973 gelten strengere Gesetze, die vorschreiben, dass Menschen ihren dauerhaften Wohnsitz in Großbritannien nachweisen. Arbeitgeber*innen, Krankenhäuser, Vermieter*innen und die Polizei wurden angehalten, Papiere zu überprüfen, um nachzuweisen, ob Menschen ins Land gehörten oder nicht. Ohne diesen Nachweis drohte einer ganzen Generation die Ausweisung und der Verlust ihrer Krankenversicherung und ihrer Arbeitsplätze. Die strengeren Gesetze wurden erlassen, damit nicht noch mehr Einwanderer*innen nach Großbritannien kamen; doch gleichzeitig wurde damit einer ganzen Generation das Gefühl gegeben, zu Hause unerwünscht zu sein.[29]

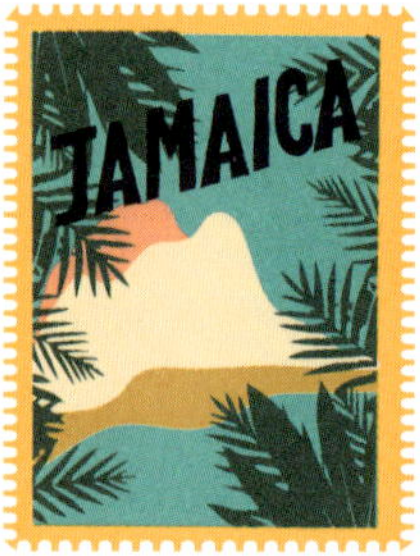

Die Geschichte, die wir in uns tragen, sind unsere Schulen. Wir spüren heute noch die Auswirkungen des Urteils des Obersten Gerichtshofs im Fall *Brown v. Board of Education*, mit dem das Gesetz von 1896 aufgehoben wurde, das es Schulen, Unternehmen und Institutionen in den USA erlaubte, „getrennte, aber gleiche" Einrichtungen für Schwarze und *Weiße* zu haben. Vielen kam das wie ein großer Sieg vor. Die Schulintegration begann.

Schülerinnen wie Linda Brown und später Ruby Bridges und die Little Rock Nine gehörten zu den ersten Schwarzen Kindern, die auf *weiße* Schulen gingen. Davor waren sie an Schulen

gewesen, an denen Schwarze Lehrer*innen Schwarze Kinder unterrichteten und deren bauliche Gegebenheiten und deren Ausstattung nicht vergleichbar war mit den Schulen für *weiße* Kinder.

An ihren neuen Schulen stießen Schwarze Schüler*innen auf Schikane und Androhungen von Gewalt, sowohl vonseiten *weißer* Schüler*innen, als auch vonseiten der Erwachsenen.

Viele Lehrer*innen wollten keine Schwarzen Kinder unterrichten, und viele *weiße* Familien wollten nicht, dass ihre Kinder neben Schwarzen Kindern saßen und zusammen mit ihnen lernten. Laut Gerichtsentscheid sollten Schwarzen Kindern dieselben Ressourcen zur Verfügung stehen wie *weißen* Kindern. In der Folge wurden Schulen für Schwarze Kinder geschlossen und Schwarze Lehrer*innen verloren ihre Arbeit. Schwarze

Kinder wurden fortan nur noch von *weißen* Lehrer*innen unterrichtet, die an dem Glauben festhielten, Schwarze wären *Weißen* unterlegen. Sie verstanden ihre neuen Schüler*innen nicht, weil sie sie aus ihrer rassistischen Perspektive betrachteten. Die Auswirkungen spüren wir heute noch, denn über 80% des Lehrkörpers in den USA sind *weiß*, während mehr als die Hälfte der Schüler*innen BIPoC sind.[30]

1959 schloss das Prince Edward County in Virginia für fünf Jahre sämtliche Schulen, weil es die Segregation an den Schulen nicht aufheben wollte. Es kam zur Gründung privater Schulen für *weiße* Kinder, die mit Steuergeldern finanziert wurden. Schwarzen Kindern wurde aufgrund ihres Schwarz-Seins die Bildung verweigert. Fünf Jahre sind eine lange Zeit.

Die Geschichte, die wir in uns tragen, ist das „kollektive Versagen“,

das sich die London Metropolitan Police nach der Ermordung des 18-jährigen Stephen Lawrence leistete, der am 22. April 1993 im Südosten von London von einer Gruppe *weißer* Männer erstochen wurde. Stephen war in Begleitung seines Freunds Duwayne Brooks, der fliehen konnte und der Polizei später bei der Identifikation des Täters (der auch von einem*einer anonymen Zeug*in benannt wurde) half. Die Polizei verhaftete Wochen nach Stephens Ermordung fünf *weiße* Männer; doch im Juli wurden die Anklagen fallen gelassen, weil Stephens Freund angeblich kein zuverlässiger Zeuge war. 19 Jahre nach der Tat wurden zwei der Verdächtigen des Mordes für schuldig befunden. Während dieser 19 Jahre gründete Stephens Familie zum Gedenken an Stephen eine Wohltätigkeitsstiftung. Unter der Leitung von Sir William Macpherson fand eine Untersuchung der Ermittlungen der Metropolitan Police statt.

Die Ergebnisse des Macpherson-Berichts führten zu über 70 Empfehlungen zur Durchsetzung von „Null Toleranz“ gegenüber Rassismus. Einige Vorschläge betrafen Gesetzesänderungen, andere die Arbeit an der Haltung der größtenteils *weißen* Polizeikräfte und die Einstellung von Polizist*innen, die die Gesamtheit der Bevölkerung repräsentieren, der sie dienen. Macpherson schrieb, der Umgang der Polizei mit der Ermordung von Stephen Lawrence sei von „institutionellem Rassismus“ geprägt gewesen. Danach wurden zwar einige Veränderungen vorgenommen, doch die Wahrscheinlichkeit, dass ein Schwarzer Mensch von Polizist*innen angehalten wird, ist immer noch acht Mal höher als bei einem*einer *Weißen*, und rund ein 20% der 2000 Polizist*innen und Mitarbeiter*innen der Metro-politan Police haben rassistische Vorurteile, die ihr Verhalten beeinflussen. Stephen wird jedes Jahr am 22. April mit einer nationalen Gedenkfeier geehrt. Stephen Lawrence sollte heute noch am Leben sein.

Die Geschichte, die wir in uns tragen, ist der Abwurf einer Sprengladung auf ein Haus der

WIDERSTAND IST AUCH TEIL UNSERER GESCHICHTE

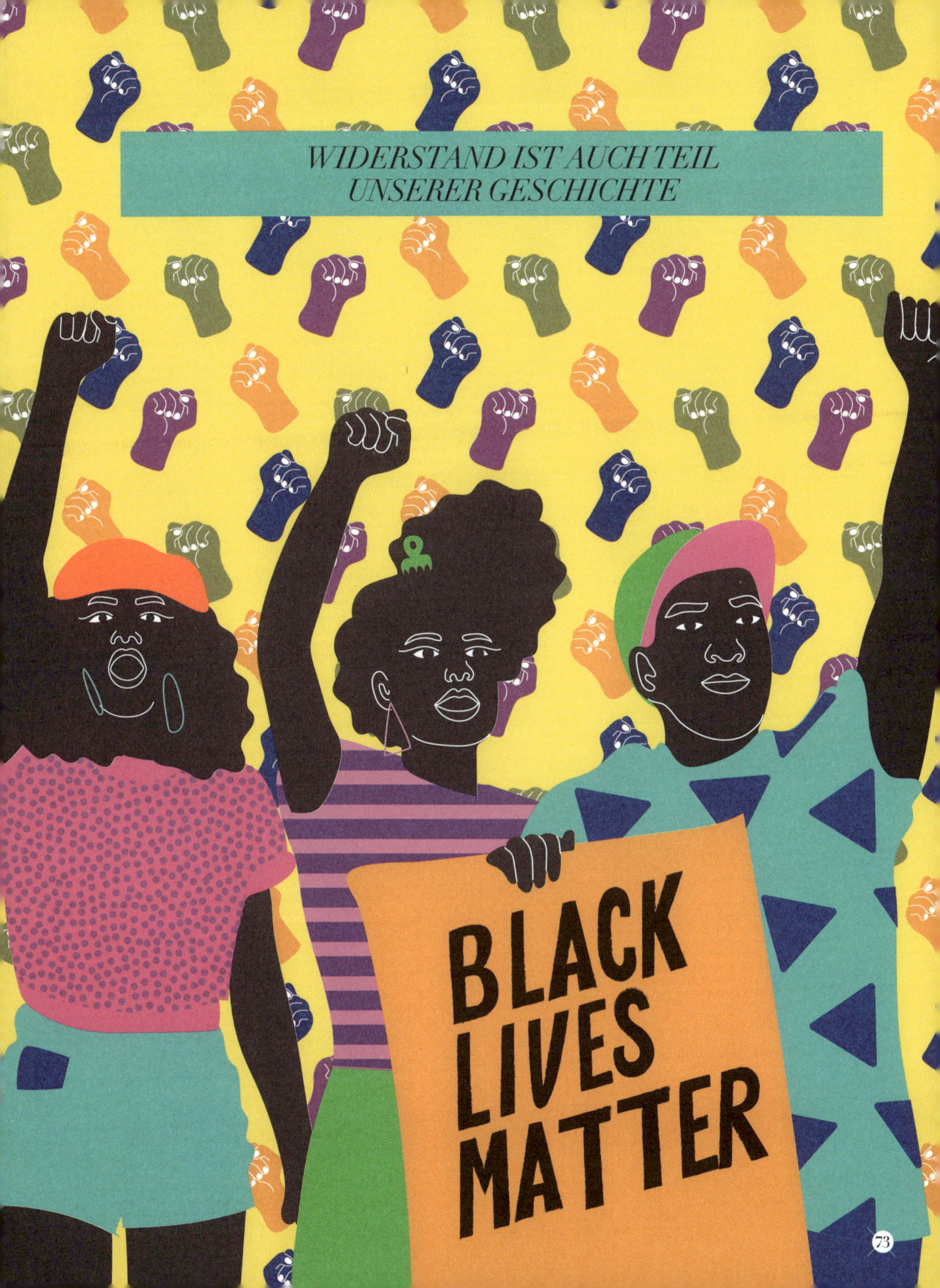

Schwarzen Befreiungsorganisation MOVE in einem Wohnviertel in West Philadelphia 1985. Es ist das in Frankreich, Dänemark, Österreich, Belgien, den Niederlanden und mehreren anderen Ländern Europas geltende Verbot, die Burka zu tragen. Hier überlagern sich antimuslimischer Rassismus und Sexismus (Intersektionalität).

Die Geschichte, die wir in uns tragen, schließt die ein, die in den USA in der Obhut der Immigration and Customs Enforcement (ICE) in Gefangenenlagern gestorben sind: Roxana Hernández, Jakelin Caal Maquin, Felipe Alonzo-Gomez, Mariee Juárez und andere.

Wir tragen sie in uns; diese Geschichte ist in unsere Körper und unsere Erinnerungen eingeschrieben. Sie bekräftigt, wer wir sind und wie wir laut dem Willen der Gesellschaft sein sollen. Unsere Geschichten sind da, und wir haben die Macht, sie zu erzählen. Wenn wir uns unsere kollektive Geschichte anschauen, sehen wir, dass jeder einzelne dieser Momente zum soliden Fundament des Rassismus beigetragen hat. **Doch es hat immer auch Menschen gegeben, die daran gerüttelt haben.**

Tu was!

Schreib weiter deine Geschichte auf!

Was für eine Geschichte hast du **außerhalb deiner Familie**? Hat sie etwas mit dem Land zu tun, in dem du lebst? Welche Momente unserer kollektiven Geschichte hatten starke Auswirkungen auf dich? Wie haben diese Momente in der Geschichte dazu beigetragen, wo wir jetzt stehen?

Mein Vater wurde als Soldat in den Vietnamkrieg geschickt. Als junger Schwarzer Mann konnte er sich nicht so leicht vor der Einberufung drücken wie manche junge Weiße (zum Beispiel, indem sie sich an einer Universität einschrieben). Der Krieg veränderte ihn auf eine Art und Weise, die ich nie verstehen werde, weil ich nicht daran teilhatte und weil die Wahrheit vieler Schwarzer Vietnamveteranen keinen Eingang in unsere Geschichtsbücher gefunden hat.

1. Studioporträt von Esau Prescott in Internatsuniform, Wisconsin, USA, 1915.

2. Sioux-Jungen kommen an die Carlisle School, USA, 1879.

6. Einwander*innen von den „Westindischen Inseln“ bei der Ankunft an der Victoria Station, London, Großbritannien, 1956.

*3. Jamaikanische Einwander*innen bei der Ankunft an den Tilbury Docks in Essex, Großbritannien, 1948.*

5. Linda Brown vor der Sumner Elementary School, Kansas, USA, 1953.

4. Segregation an den Schulen nach dem weißen *Boykott, USA, 1964.*

09

WIR SIND UNSERE GESCHICHTE

Während manche hart daran gearbeitet haben, das Fundament des Rassismus so solide zu bauen, wie es heute ist, gab es immer auch Widerstand gegen Rassismus. Die Geschichten über Stärke, Liebe, Freude und Revolution sind auch Teil unserer Geschichte. Die Carribean American Dichterin und Aktivistin June Jordan schrieb: **„WIR SIND DIE, AUF DIE WIR GEWARTET HABEN.“**

WIR WAREN IMMER UND WIR WERDEN IMMER SEIN. AUCH DAS TRAGEN WIR IN UNS.

Unsere Geschichte ist Haiti, die erste Schwarze Republik. Von 1625 bis zum 18. November 1803 kontrollierte Frankreich die Insel Saint-Domingue (das heutige Haiti). Es war die profitabelste französische Kolonie, deren „Ertrag“ der Arbeit versklavter Menschen zu verdanken war. 1791 führte Toussaint Louverture (ein ehemaliger Versklavter), inspiriert durch die „Erklärung der Menschenrechte“ und die Französische Revolution, einen Aufstand gegen die *weißen* Plantagenbesitzer*innen an, die wohlhabend waren, weil sie im Besitz der Ländereien waren, Menschen versklavten und sämtliche Ressourcen kontrollierten. Louverture glaubte an Freiheit und Gleichheit, eines seiner Ziele war die Abschaffung der Sklaverei.

1792 kontrollierten Louverture und seine Armee ein Drittel der Insel. 1794 weiteten sie die Revolution auf Santo Domingo aus (die heutige Dominikanische Republik), wo

„WIR SIND DIE, AUF DIE WIR GEWARTET HABEN."

JUNE JORDAN

die Spanier*innen die dort bereits lebende Taíno-Bevölkerung sowie Afrikaner*innen und Menschen aus anderen Ländern der Karibik versklavt hatte.

1801 erklärte sich Toussaint Louverture zum Generalgouverneur auf Lebenszeit. Napoleon Bonaparte, der damals über Frankreich herrschte, setzte den *Code Noir* wieder ein und schickte in der Hoffnung, die französische Herrschaft und die Versklavung in Saint-Domingue wiederherzustellen, Tausende von Soldaten auf die Insel, um Louverture gefangenzunehmen und die Rebellion zu beenden.

Louverture und Frankreich einigten sich auf einen Waffenstillstand, doch der wurde gebrochen und Louverture wurde nach Frankreich gebracht, wo er 1803 im Gefängnis starb. Jean-Jacques Dessalines, ein ehemaliger Versklavter und General in Louvertures Armee, setzte die Revolution fort. Am 18. November 1803 wurden die französischen Kräfte geschlagen. Sie zogen sich von der Insel zurück. Am 1. Januar 1804 erklärte Dessalines die Insel zur unabhängigen Nation und nannte sie Haiti, was in der Tainó-Sprache „Land der hohen Berge" bedeutet. Haiti hat, wie alle kolonisierten Länder, eine lange und komplizierte Geschichte, und wir feiern die Erzählungen über Widerstand und Hoffnung aus unserer ersten Schwarzen Republik.

Zu unserer Geschichte gehört Yuri Kochiyama. Nach der Bombardierung von Pearl Harbor auf Hawaii im Zweiten Weltkrieg wurden alle Japaner*innen und Japanese Americans an der Westküste der USA festgenommen und interniert. In zehn Internierungslagern wurden zwischen 1942 und 1945 rund 120.000 Menschen festgehalten. Sie verloren ihre Häuser und ihr Einkommen. Yuri Kochiyama kam in ein Lager in Kansas. Sie hatte ihre starken aktivistischen Wurzeln in Harlem, New York entwickelt, wo sie solidarisch mit Schwarzen Aktivist*innen arbeitete und eng mit Malcolm X befreundet war. Sie glaubte an die Schwarze Befreiung und begriff, dass der Missbrauch institutioneller Macht die Unterdrückung aller BIPoC aufrechterhielt. Sie arbeitete auch mit der Young Lords Party zusammen, die für die Befreiung von Puerto Rico eintrat. Ihr ganzes Leben lang unterstützte Yuri politische Gefangene und war oft die Erste, die herbeigerufen wurde, um bei Auseinandersetzungen mit der Polizei zu vermitteln. Sie protestierte gegen den Vietnamkrieg und unterstützte die Forderung nach Reparationen für die Tausenden von Japaner*innen und Japanese American, die während des Zweiten Weltkriegs zu Unrecht interniert worden waren.

Yuri Kochiyama widmete ihr Leben dem Widerstand, der Bewusstmachung und der solidarischen Arbeit für Antirassismus und Befreiung. Sie starb 2014. Ihre Worte werden uns stets begleiten.

Die Geschichte, die wir in uns tragen ist die Familie Loving. Richard Loving war *weiß*, Mildred Loving hatte einen Schwarzen und einen Indigenous American Elternteil. Die beiden heirateten in Washington DC und lebten (1958) in Virginia, wo Ehen zwischen

„VERÄNDERE ZUERST DICH SELBST ... DENN DU BIST JUNG UND HAST TRÄUME UND MÖCHTEST ETWAS BEDEUTSAMES TUN. DAS MACHT DICH ZU UNSERER ZUKUNFT UND UNSERER HOFFNUNG.“

Schwarzen und *weißen* Menschen gegen das Gesetz waren. (Auch in über 20 anderen Staaten der USA war das damals verboten.) Eines Nachts wurden sie davon geweckt, dass die Polizei in ihr Haus eindrang, um sie festzunehmen. Eine Gefängnisstrafe wurde ausgesetzt unter der Bedingung, dass sie als Ehepaar den Staat Virginia verlassen würden, also zogen die beiden nach Washington DC; doch sie vermissten ihre Familie und Freund*innen. Nach fünf Jahren weit weg von zu Hause suchte Mildred Unterstützung bei der NAACP (National Association for the Advancement of Colored People) und der ACLU (American Civil Liberties Union). Die Lovings klagten in der Hoffnung, das Urteil gegen sie würde aufgehoben, doch sie mussten bis vor das oberste Gericht gehen, den Supreme Court, der in seinem Urteil im Fall *Loving v. Virginia* das Gesetz des Staates Virginia für verfassungswidrig erklärte. Ab da waren Ehen zwischen Schwarzen und *weißen* Menschen in den USA legal. Diejenigen von uns, die nach dem Fall Loving geboren wurden, können sich die „Loving Generation" nennen. Ich finde das viel schöner als „mixed" (so werden in den USA z.B. Menschen mit einem Schwarzen und einem *weißen* Elternteil bezeichnet) genannt zu werden. Ich kann Mildred und Richard Loving nicht nur ehren, indem ich mich als Mensch der Loving Generation bezeichne, ich kann Liebe auch ins Zentrum meiner Identität stellen.

Die Geschichte, die wir in uns tragen, ist die League of Coloured Peoples, eine Organisation im Kampf für Bürger*innenrechte, die Dr. Harold Moody als Reaktion darauf, dass er als Arzt keine Anstellung fand, 1931 in Großbritannien gründete.

Zu unserer Geschichte gehören auch die Aktivist*innen und Veränderer*innen Kwame Ture (früher Stokely Carmichael), Marielle Franco, Fannie Lou Hamer, Dolores Huerta, Maya Angelou, Grace Lee Boggs, Steve Biko, Bayard Rustin, Quanah Parker, Gloria Anzaldúa, Claudette Colvin, Brittany Packnett, Alicia Garza, Patrisse Cullors, Opal Tometi, Marley Dias und viele mehr.

WIR NENNEN ES BEFREIUNG.

*DIE GESCHICHTE, DIE WIR IN UNS TRAGEN, IST IN JEDER*M EINZELNEN VON UNS. DU MACHST DEINE VORFAHR*INNEN STOLZ. DU BIST TEIL IHRES WIDERSTANDS. DU BRINGST UNS VORAN.*

Fannie Lou Hamer
Maya Angelou
Bayard Rustin
Marley Dias
Brittany Packnett
Grace Lee Boggs
Steve Biko
Dolores Huerta
Claudette Colvin

Tu was!

Es gibt noch viel mehr Geschichte aufzuschreiben. (Bald brauchst du ein neues Notizbuch!)

Gibt es in deiner Familie Geschichten von **Menschen, die gegen Rassismus gekämpft haben?**

Wie sie sich mit anderen zusammengetan haben, um sich gegen ungerechte Gesetze zu wehren?

Gibt es in deiner Familie Geschichten von Menschen, die zum Rassismus beigetragen haben? Wie werden diese Geschichten erzählt? (Leise, hinter vorgehaltener Hand? Mit Stolz?)

Gibt es Menschen, die in deinen Geschichtsbüchern nicht vorkommen und die du gern ehren würdest? Schreib ihre Namen auf. Erzähl anderen, was sie gesagt oder geschrieben haben.

Du kannst die Geschichte schreiben, die uns hätte gelehrt werden sollen.

IN DIESEM ABSCHNITT:
• STÖREN!
• IN AKTION TRETEN!
• UNTERBRECHEN!
• SOLIDARITÄT
• PERSÖNLICH
ODER ÖFFENTLICH
KONFRONTIEREN

MEINEN WEG WÄHLEN

IN AKTION TRETEN UND AUF RASSISMUS REAGIEREN

10

STÖREN!

WIE KANN ICH MICH EINSETZEN? UND EINSCHREITEN? WAS PASSIERT, WENN ICH NICHTS TUE?

DU KANNST DAS. DU KANNST RASSISMUS STÖREN UND DAS, WAS ALS „NORMAL" GILT, VERÄNDERN.

Du betrachtest die Welt jetzt anders als früher. Du nimmst eine neue Perspektive ein, aus der du die Welt wahrnimmst. Du weißt mehr über Geschichte (das, was man dir erzählt hat, und das, was ausgelassen wurde). Du bist dir bewusster, wie Menschen miteinander umgehen. Du hast eine Antenne für Mikroaggressionen und bist dir ihrer Folgen bewusst. Du siehst, dass die Institutionen über Jahrhunderte viel Arbeit investiert haben, um die Struktur des Rassismus aufrechtzuerhalten. An deiner Schule gibt es vielleicht Regeln, wie Schüler*innen ihre Haare frisieren oder was sie auf dem Kopf tragen dürfen, und du verstehst, dass das die dominante Kultur bestätigt. Du bemerkst, dass die meisten Sendungen und Filme, die du dir ansiehst, immer noch fast gänzlich mit *Weißen* besetzt sind und dass jedes Mal, wenn ein*e Terrorist*in darin vorkommt, sie*er PoC ist und Arabisch spricht. Du siehst, wie Stereotype kreiert und am Leben erhalten werden. Du hast die Werkzeuge, um dir noch mehr Wissen anzueignen und dir ein noch tieferes Verständnis zu erarbeiten.

Was tust du als Nächstes?

Du hast eine Stimme. Nutze sie. Sag die Wahrheit. Erzähl sie anderen. Schweigen ist keine Option. Audre Lorde, US-amerikanische Feministin, Autorin und Aktivistin sagte:

„MEIN SCHWEIGEN HAT MICH NICHT GESCHÜTZT. EUCH WIRD DAS SCHWEIGEN NICHT SCHÜTZEN."

UNTÄTIGKEIT KANN KEINEN WANDEL BEWIRKEN. WENN NICHTS PASSIERT, KÖNNEN WIR DIE DYNAMIK DER VERÄNDERUNG NICHT SPÜREN.

Nutze deine Möglichkeiten, um die Wahrheit über Ungerechtigkeit zu benennen und die Geschichte weiterzugeben, die uns so oft vorenthalten bleibt. Sprich mit deiner Familie, mit deinen Freund*innen, deinen Schulkamerad*innen, mit allen und jeder*m, die*der dir zuhört. Schreib und schreib und schreib und teile. Mach Kunst und zeig sie. Geh Risiken ein. Du kannst das.

Ich wünschte, ich wäre eingeschritten, als meine Lehrerin so schrecklich zu uns war. Ich wünschte, ich hätte meiner Lehrerin die Stirn geboten. Und unserer Schulverwaltung, die zuließ, dass sie an der Schule blieb.

Was würde ich heute tun, wenn ich in diesem Klassenzimmer säße?

Ich würde mich im wahrsten Sinne des Wortes erheben (mein kleines neunjähriges Ich). Ich würde aufstehen und ihr sagen: „So können Sie nicht mit ihm reden. Das ist nicht in Ordnung."

Dann würde ich die Klasse verlassen und meinen Freund mitnehmen und alle anderen, die mitkommen wollten. Ich würde die Treppe runter ins Büro gehen und die*den Schulsekretär*in oder die Schulleitung bitten, eine Beschwerde gegen diese Lehrerin einzureichen. Ich würde ihnen erzählen, was passiert ist. Ich würde ihnen sagen, dass sie meinen Freund verbal beleidigt hat. Und ich würde Beschwerde einreichen. Ich würde das Sekretariat bitten, die Eltern meines Freunds anzurufen. Er sollte keine Minute länger in der Klasse sitzen müssen, wo unsere Lehrerin ihn mit ihren rassistischen Worten angegriffen hatte. Niemand sollte das.

Ich würde es meiner Mutter erzählen. (Das habe ich.) Wir würden mit seinen Eltern reden. Ich würde alle unsere Klassenkamerad*innen bitten, ihren Familien zu erzählen, was passiert war. Unsere Eltern und Bezugspersonen würden uns helfen, damit unsere Position wahrgenommen würde. Wir würden mehr bewirken können als bloß ich allein. Auch sie würden Beschwerde einreichen und am nächsten Morgen zur Schule kommen. Sie würden die Entlassung der Lehrerin fordern, weil sie uns nicht unterrichten sollte, wenn sie uns nicht beschützen kann. Und sie konnte uns nicht beschützen, weil sie diejenige war, die uns wehtat.

Wir würden am nächsten Treffen des Schulausschusses teilnehmen und verlangen, dass unsere Schule ein Ort sein sollte, an dem wir frei von rassistischer Gewalt – ob verbal oder körperlich – lernen können.

Ich denke sehr oft an diesen Tag und wünsche mir, ich hätte mehr tun können, als nur zu registrieren, was passierte. Ich wünschte, ich hätte mir einen Plan zurechtgelegt und mich erhoben. Ich wünschte, ich hätte mich gegen meine Lehrerin gewehrt und gegen das System, das dafür sorgte, dass sie ihren Posten behielt.

DESWEGEN ERZÄHLE ICH ES DIR. DU KANNST DICH JETZT WEHREN. DU KANNST JETZT STÖREN.

Und wenn es um etwas geht, was über deinen Schulalltag hinausgeht? Wenn es etwas außerhalb der Komfortzone des Vertrauten ist?

Stell dir vor, du fährst mit deiner Familie oder mit Freund*innen durch die Stadt und ihr seht, dass vier Polizeibeamt*innen um zwei Schwarze Jungen herumstehen? Vielleicht kennst du sie, vielleicht auch nicht. Vielleicht war einer von ihnen letztes Jahr mit dir im Chor. Vielleicht hast du sie mal in einem Laden gesehen. Vielleicht kennst du sie auch gar nicht. Es spielt keine Rolle, ob du sie kennst oder nicht.

Vielleicht kannst du sehen, ob die Polizist*innen bewaffnet sind. Vielleicht auch nicht. (Manche Polizist*innen tragen Waffen, andere nicht; wir wissen, dass sie in ihrer Rolle als Polizeibeamt*innen Macht haben.) Du siehst, dass die Schwarzen Jungen unbewaffnet sind, dass sie verängstigt aussehen und die Hände erhoben haben.

So etwas hast du unzählige Male in den Nachrichten gesehen; du kennst solche Geschichten. Du denkst an Georgoe Floyd, Breonna Taylor, Eric Garner, Sandra Bland, Philando Castile, Michael Brown und all die anderen. Du weißt, dass so etwas jeden Tag passiert, und heute kann der Tag sein, an dem du das änderst. Du kannst dir einen Plan machen, damit du, falls du je im Leben in so eine Situation kommst, weißt, was du tun kannst. **ACHTUNG:** Du musst unbedingt achtgeben, dass DIR nichts passieren kann. Sprich, BEVOR du etwas unternimmst, mit einer erwachsenen Person, der du vertraust.

Tu was!

Zuerst nimm dein Notizbuch zur Hand. Lass uns aufschreiben!

Du hast beobachtet, was passiert, und die Situation eingeschätzt. Du weißt, dass die Personen, die von der Polizei festgehalten werden, verängstigt aussehen. Sie wollen nicht dort sein. Du willst nicht, dass diese beiden Schwarzen Jungen zu Hashtags werden und in die Statistik eingehen.

Du kannst eine ganze Menge tun – nimm dir ein paar Minuten Zeit, um eine Liste zu erstellen, **wie die Situation enden könnte.**

Dies ist meine Liste:

- Die*Den Fahrer*in des Wagens bitten anzuhalten. Wir steigen aus und gehen hinüber, um Zeug*innen zu sein.
- Mit meinem Smartphone aufzeichnen, was passiert. Das kann ich. Es ist mein Recht. In den USA, in Großbritannien, in Deutschland und in vielen anderen Ländern kann ich nicht festgenommen werden, wenn ich an einem öffentlichen Ort Fotos oder ein Video aufnehme. Die Polizei darf mir das Telefon nicht wegnehmen. (Dafür bräuchten sie einen richterlichen Beschluss.) Sie können mich bitten, damit aufzuhören, aber ich muss nicht aufhören.

- Wenn ich in einem Laden oder auf Privatgrund etc. bin, bestimmt die*der Besitzer*in, ob ich Aufnahmen machen darf oder nicht. Es ist nicht die Entscheidung der Polizei.

- Im Auto bleiben und aufzeichnen.

- Im Auto bleiben und den beiden, die von der Polizei festgehalten werden, zurufen: „Wir kriegen alles mit.“

- Neben die Polizist*innen und die Jungen stellen und die beiden Schwarzen fragen, ob ich etwas tun kann … ob ich jemanden für sie anrufen soll. (Die Erwachsenen, in deren Begleitung ich bin, können sich zu mir stellen.)

- Andere Passant*innen anhalten und sie bitten, ebenfalls Zeug*innen zu sein. (Je mehr, desto besser.)

- Die Erwachsenen, in deren Begleitung ich bin, bitten, sich einzumischen, während ich im Auto sitzen bleibe.

- Die ganze Sache ignorieren und weiterfahren.

Was noch?

Sehen unsere Listen ähnlich aus? Was habe ich vergessen? Was hast du vergessen? Wir können noch mehr hinzufügen, und wir sehen es uns in den nächsten beiden Kapiteln genauer an! Du kannst deinen Plan, um in Aktion zu treten, immer weiter ausarbeiten.

Meine Wahl

Vielleicht fallen dir Sachen ein, die riskant sein könnten. Andere nicht. Du musst genau wissen, welche Rechte und welche Macht du hast – oder nicht. Es bestimmt mit, wie du an eine Situation herangehst. In der Situation mit der Polizei kannst du, besonders wenn du *weiß* und cis bist, deine Privilegien nutzen, um einzuschreiten. **Wenn du der Globalen Mehrheit angehörst, musst du vorher überlegen, wie die Situation für dich enden könnte.** *Weiße*, das müsst ihr nicht, denn ihr seid im Zentrum des Systems: Wenn ihr ein Risiko eingeht, indem ihr etwas von dem tut, was auf der Liste steht, endet ihr aller Wahrscheinlichkeit nach nicht im Gefängnis oder werdet verletzt.

11

IN AKTION TRETEN!

WAS PASSIERT, WENN ICH NICHTS SAGE? WENN ICH NICHT IN AKTION TRETE? WENN ICH NICHTS TUE?

Wenn du nichts machst, bleibt alles beim Alten. Ich habe nichts gegen meine Lehrerin getan und musste jeden Tag in ihrem Klassenzimmer sitzen. Das war nicht okay. Sie hat uns unablässig das Gefühl gegeben, klein und machtlos zu sein.

Manchmal sagst du nichts. Vielleicht, weil du die Ungerechtigkeit nicht wahrnimmst. Vielleicht begreifst du nicht, was los ist, und hoffst, jemand anders tut es. Vielleicht kannst du auch nichts tun, weil es nicht sicher ist. Ich habe nichts getan, weil ich dachte, ich könnte nicht. Ich war neun Jahre alt. Ich war von den Erwachsenen abhängig, und ich dachte, sie würden sich für uns wehren. Doch das haben sie nicht getan.

WARTE NICHT, DEINE STIMME ZU ERHEBEN. WARTE NICHT, UM IN AKTION ZU TRETEN.

Wenn du dich nicht äußerst, ändert sich gar nichts. Dann bekräftigst du die dominante Kultur. Dann lässt du zu, dass sich der Rassismus fortsetzt. Wenn du nicht einschreitest, sagst du anderen damit, dass du mit dem Status quo (wie die Dinge sind) einverstanden bist. Es reicht nicht, Rassismus zu erkennen. Du musst in Aktion treten. Das kannst du auf vielerlei Art und Weise. Jede Situation ist anders und erfordert etwas anderes. Worauf wir uns verlassen können, ist, dass Rassismus existiert. Hier ein paar Beispiele, wo ich in Aktion getreten bin.

Mit 11 trat ich in Aktion, indem ich ein Gedicht schrieb und Geschichtsunterricht hinterfragte, der den europäischen Kolonialismus glorifizierte und die Wahrheit außen vor ließ. Wir lernten nichts darüber, wer in dem Land lebte, bevor Christoph Kolumbus auftauchte.

In der Highschool schloss ich mich einer Gruppe an, die T-Shirts und Karten verkaufte, um die Arbeit von Menschen zu unterstützen, die sich in Gemeinden einsetzten und dort Schulen und Toiletten bauten, Gärten anlegten und Mütterberatung anboten. Meine Schwester schrieb für eine Lokalzeitung und erhob ihre Stimme in der wöchentlichen Beilage für Teenager.

Mit 22 half ich, Proteste gegen räuberische Kreditvergabe (wenn

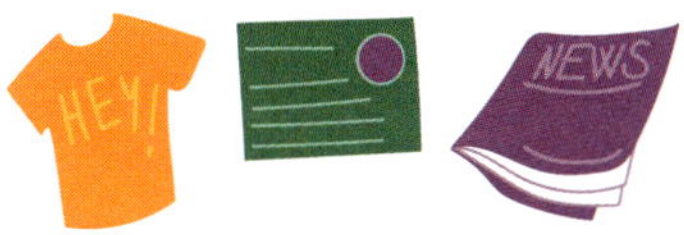

Banken ihre Kund*innen bei Krediten über den Tisch ziehen) und das ungerechte öffentliche Gesundheitswesen zu organisieren. Ich arbeitete solidarisch mit Schwarzen und Latinx Gemeindemitgliedern. Sich gegen Institutionen einzusetzen, die unablässig ihre Macht missbrauchen, um BIPoC zu unterdrücken, verdient unsere Aufmerksamkeit und Wachsamkeit.

Mit 27 nutzte ich meinen Arbeitsplatz, um meinen Schüler*innen die Wahrheit zu sagen, indem ich offen über Macht und Privilegien sprach. Wir lernten etwas über die Geschichte von Rassismus und Widerstand. Wir erzählten unseren Familien davon, der Schulgemeinschaft und den anderen Lehrer*innen.

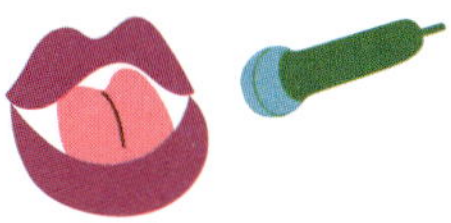

UND DOCH IST ES AUCH HEUTE NOCH JEDEN TAG ANDERS.

Ich arbeite unablässig daran zu verstehen, wer ich bin. Was bedeutet es, dass ich eine light-skinned Schwarze cis Frau mit einem Schwarzen und einem *weißen* Elternteil bin? In Aktion treten heißt, Ungerechtigkeiten zu bemerken und Stereotype zu überprüfen. Ich nutze meine antirassistische Perspektive, um herauszufinden, was das ist, was ich da wahrnehme, und in Aktion zu treten.

Inaktiv zu bleiben ist nicht in Ordnung. Es ist keine Option. Jeden Tag werden BIPoC verletzt, unterdrückt und umgebracht. Wenn du *weiß*, light-skinned (wie ich) oder eine Person of Color bist, dann nutze dein Privileg und deine Nachbar*innenschaft (oder Nähe) zum Zentrum der dominanten Kultur-Schublade, um das Fundament unserer rassistischen Gesellschaft aufzubrechen. Wenn du das immer wieder tust und immer mehr Risse und Kerben hineinschlägst, bringst du es zum Beben, bis es zerbricht.

Tu was - 1!

Halt einen Augenblick inne und schau, wie es dir geht.
Welche Aktionen könntest du dir vorstellen? Was hast du gemacht?
Was kannst du, deinem Gefühl nach, tun?
Was würdest du gern tun, bereitet dir aber ein mulmiges Gefühl?
Was bräuchtest du, um es trotz deines Unbehagens zu tun?
Was für eine Art von Unterstützung? (Und von wem?)

Tu was - 2!

Stell dir vor, du hast einen antirassistischen Werkzeugkasten.
Was ist darin und warum?
In meinem sind:

- Ein Notizbuch und ein Stift, damit ich Beobachtungen, Gedanken usw. aufschreiben kann.
- Fotos von meiner Familie und meinen Freund*innen, die mir helfen, mich zu erden, und mich mit den Menschen verbinden, denen ich vertraue und die ich liebe.
- Schokolade und Mandeln für schnelle Energiezufuhr.
- Eine Wasserflasche, um zu verhindern, dass ich dehydriere.
- Tiger-Balsam. Wenn ich in Stress gerate, verspannen sich meine Schultern und mein Nacken. Das tut weh. Der Tiger-Balsam lindert den Schmerz ein wenig.
- Ich habe immer ein oder zwei Bücher zum Lesen dabei und achte darauf, dass sie von BIPoC-Autor*innen sind oder von Menschen, die außerhalb der imaginären Schublade leben.
- Informationen über meine Rechte.
- Mein Telefon (aufgeladen), damit ich andere schnell erreichen und Foto- oder Videoaufnahmen machen kann.

12

UNTERBRECHEN!

Mehr Informationen zu haben, neues Wissen und Fakten, ist, – im Gegensatz zu den *weiß*gewaschenen Erzählungen der Geschichte – ein guter Anfang. Aber eben nur ein Anfang. Du gehörst nicht mehr zu denen, die sich in der Mitte der imaginären Schublade festklammern. Du besitzt die fantastische Fähigkeit zu denken. Das ist eine deiner Superkräfte. Du kannst Probleme lösen und Entscheidungen treffen. Die hast die Macht der Wahl.

Du bist fähig, innezuhalten und nachzudenken. Also, lass uns das für einen Augenblick tun.

Schnapp dir dein Notizbuch und deinen Lieblingsstift. (Ich verwende gern einen 3-Farben-Tintenroller. Normalerweise schreibe ich mit Blau, aber ich finde es toll, spontan wechseln zu können.)

Tu was!

WELCHES SIND DEINE SUPERKRÄFTE?

Stell eine Liste deiner supertollen Kräfte zusammen. Nicht die, die du gern hättest. Nicht die, von denen andere sagen, du hättest sie. Hier geht es um deine Superkräfte, die andere womöglich noch gar nicht bemerkt haben. Ich habe Folgendes notiert: tanzen, Brot backen, lesen, buchstabieren, Menschen unterbrechen, um meine Meinung zu sagen, Informationen teilen, Sachen finden. Zwei davon wollen wir uns genauer ansehen.

SUPERKRÄFTE

SACHEN FINDEN, DIE ANDERE VERLOREN HABEN

LISTEN SCHREIBEN

INFORMATIONEN, DIE ICH ERFAHREN HABE, AN ANDERE WEITERGEBEN

MENSCHEN UNTERBRECHEN, UM MEINE MEINUNG UND MEINE GEDANKEN INS GESPRÄCH EINZUBRINGEN

BUCHSTABIEREN

SUPERKRAFT 1: UNTERBRECHEN

Viele würden mir wahrscheinlich widersprechen, wenn ich sage, dass eine meiner Superkräfte die ist, andere zu unterbrechen, um zu erzählen, was mir durch den Kopf geht. Sie würden wahrscheinlich sagen, dass es nervt und dass es unhöflich und frustrierend ist. Das ist es für sie wahrscheinlich auch. Aber ich sag dir was über diese Superkraft: Sie ist wirklich ziemlich nützlich. Ich muss sie nur achtsam einsetzen. Wenn ich diese Superkraft niemals nutze, funktioniert es vielleicht nicht, wenn der Zeitpunkt kommt, wo ich unbedingt jemanden unterbrechen muss, weil ich keine Übung habe oder die Leute es nicht gewohnt sind, dass ich meine Stimme erhebe. Und wenn ich dauernd unterbreche, besteht die Gefahr, dass mir niemand zuhört, dass ich ignoriert werde.

Ich trainiere diese Superkraft, wenn ich mit anderen Erwachsenen zusammen bin. Das ist gut, denn andere Erwachsenen sagen oft Sachen, bei denen es sinnvoll ist, sie zu unterbrechen. Wenn jemand rassistische Stereotype oder Mikroaggressionen von sich gibt, unterbreche ich sie*ihn.

Hier ein Beispiel:

Bei einem Treffen mit anderen Lehrer*innen sagt jemand: **„Also, ich nehme keine Unterschiede wahr. In meiner Klasse ist Rassismus kein Thema.“** Ich könnte das einfach ignorieren, aber weil ich weiß, dass das eine Mikroaggression ist, UND weil meine Superkraft das Unterbrechen ist, kann ich in Aktion treten.

Ich kann stören. Ich muss nicht warten, bis die Person ihren Monolog beendet hat. Ich sollte sie*ihn nicht fortfahren lassen, denn andere könnten ihrer*seiner Meinung sein und dann würden sie sich gegenseitig gratulieren, dass sie Rassismus nicht wahrnehmen.

Ich kann sagen: **„DAS IST NICHT IN ORDNUNG."**

Fang mit einem einfachen und klaren Satz an – so mache ich es oft –, und dann kannst du fortfahren, denn jetzt hören die anderen dir definitiv zu!

*„ES IST GANZ WICHTIG, WAHRZUNEHMEN, ANZUERKENNEN UND ZU BEGREIFEN, DASS DEINE SCHÜLER*INNEN VERSCHIEDENE ERFAHRUNGEN MACHEN. INDEM DU DICH AKTIV BEMÜHST, NICHT ZU SEHEN, WIE RASSISMUS DEINE SCHÜLER*INNEN UND IHRER FAMILIEN BEEINFLUSST, VERLEUGNEST DU SIE UND VERSAGST IHNEN IHRE GESCHICHTEN. DU VERSAGST IHNEN IHRE ERFAHRUNGEN MIT RASSISMUS UND IHRE FAMILIÄREN BEZÜGE. IM GRUNDE SAGST DU, DASS ES DICH NICHT INTERESSIERT, WER SIE SIND. DU VERSUCHST, SIE ALLE GLEICH ZU MACHEN UND IN DIE IMAGINÄRE SCHUBLADE EINZUPASSEN. IN DEINEM KLASSENZIMMER WIRD NUR DIE DOMINANTE KULTUR DER WEISSEN VORHERRSCHAFT UNTERRICHTET."*

An diesem Punkt wird die Person, die ich unterbrochen habe, nicht begeistert sein. Ein paar andere im Raum sind auch nicht froh. Niemand möchte wegen Rassismus angeprangert werden, aber es muss sein. Ein paar werden dir auch zuhören und dir beipflichten. Du bist nicht allein, auch wenn du die einzige Person bist, die in diesem Augenblick einschreitet und sagt, wie es ist.

Es ist in Ordnung, wenn die Leute nicht begeistert sind. Es ist in Ordnung, wenn sie sich unwohl fühlen. Für BIPoC ist Rassismus auch nichts, womit sie sich wohl fühlen.

SOLANGE WIR UNSERE KOMFORTZONE NICHT VERLASSEN, BEENDEN WIR RASSISMUS NICHT.

Die Chancen stehen gut, dass die, die ich unterbreche, leugnen, Rassist*innen zu sein. Oder sie versuchen, es abzutun, indem sie so etwas sagen wie: „Warum muss es bei dir immer um Rassismus gehen?“ Oder: „Du bist rassistisch gegenüber *Weißen*.“ Oder: „Willst du etwa behaupten, ich wäre ein*e Rassist*in?“ Und dann versuchen sie das Gespräch in die Richtung zu drehen, sie könnten unmöglich rassistisch sein, weil sie doch so nett sind.

Rassistisch gegen *Weiße* zu sein ist unmöglich. Vergiss nicht, Rassismus ist die Verbindung von persönlichen Vorurteilen UND systemischem Machtmissbrauch durch Institutionen. Ich kann zwar Vorurteile gegen *Weiße* haben, aber es gibt kein System, das *Weiße* über Jahrhunderte unterdrückt hat. In unserer Gesellschaft **GIBT ES KEINEN UMGEKEHRTEN RASSISMUS**. Menschen bringen das von Zeit zu Zeit vor, und dann kannst du sie daran erinnern, dass es persönliche Vorurteile durchaus gibt. Doch Institutionen missbrauchen ihre Macht weiterhin, um ein rassistisches Fundament gegen BIPoC aufrechtzuerhalten. Deswegen sind die Einzigen, die davon profitieren, *Weiße*. Im Gegensatz zur herkömmlichen Definition ist Rassismus mehr als nur der „persönliche Vorurteile“-Teil der Gleichung.

*„INDEM DU DIR NICHT ERLAUBST ZU SEHEN, DASS JEMAND RASSISMUSERFAHRUNGEN MACHT, SIEHST DU DIE PERSON NICHT ALS GANZEN MENSCHEN. DU BETRACHTEST SIE DURCH EINE VERZERRTE LINSE. DU SIEHST SIE NUR SO, WIE DU SIE SEHEN WILLST. DU SIEHST SIE AUS DER PERSPEKTIVE DEINER KOMFORTZONE. DU NIMMST DEINE SCHÜLER*INNEN UND IHRE FAMILIEN NICHT SO WAHR, WIE SIE GESEHEN WERDEN WOLLEN UND SOLLTEN.“*

Auf die Behauptung, kein*e Rassist*in zu sein, kannst du mit dem Zitat der politischen Aktivistin, Wissenschaftlerin und Autorin Angela Davis antworten: „In einer rassistischen Gesellschaft reicht es nicht aus, nicht rassistisch zu sein. Wir müssen anti-rassistisch sein.“

„IN EINER RASSISTISCHEN GESELLSCHAFT REICHT ES NICHT AUS, NICHT RASSISTISCH ZU SEIN. WIR MÜSSEN ANTI-RASSISTISCH SEIN."

Dann kannst du erklären, dass wir in einer rassistischen Gesellschaft leben. Kein*e Rassist*in zu sein wird daran nichts ändern. Es mag einem das Gefühl vermitteln, ein guter Mensch zu sein. Aber es bekräftigt den Rassismus. Kein*e Rassist*in zu sein ist nichts Aktives. Einige mögen bewusst darauf achten, keine rassistischen Dinge zu äußern, und sie meinen, es sei etwas Gutes, in den sozialen Medien ein Gedicht einer*s afrikanischen Dichter*in zu posten. Aber es ist nun einmal so, dass Untätigkeit nur dazu beiträgt, die alte Normalität aufrecht zu erhalten. Nur das In-Aktion-Treten, nur das Antirassistisch-Sein, kann zu Veränderungen führen.

Ja, ich spreche oft über Rassismus, manchen mag es sogar scheinen, als würde ich über nichts anderes reden. Aber ich werde auch in Zukunft die, die zum Rassismus beitragen, daran erinnern, dass Rassismus existiert und nicht von selbst verschwindet. Ich werde alle weiterhin daran erinnern, dass Rassismus beim größten Teil der Weltbevölkerung für sehr viel Leid sorgt. Ich kann das. Je mehr ich übe, desto klarer werde ich gegenüber anderen.

SUPERKRAFT 2: TANZEN

Ich tanze für mein Leben gern, egal wo, egal zu welcher Musik. Manchmal tänzele ich über den Boden. Manchmal lege ich, zur großen Verlegenheit aller Anwesenden, eine schreckliche Version des Roboters hin. Manchmal tanze ich auf Partys im Kreis vieler anderer Menschen. Manchmal tanze ich mitten im Gang mit den Frühstücksflocken im Supermarkt. Normalerweise tanze ich zu Hause mit meiner Familie oder allein. Egal, ich tanze einfach für mein Leben gern.

Tanzen ist eine andere Art von Superkraft als das Unterbrechen.

Ich nehme mir nicht oft die Zeit, um Freude zum Ausdruck zu bringen. Ich kümmere mich nicht oft gut um mich selbst. Beim Tanzen kann ich eine Pause machen, mich mit mir selbst und anderen verbinden und Freude und Freisein zum Ausdruck bringen. Wir alle verdienen, frei zu sein.

WIR ALLE VERDIENEN, FREI ZU SEIN.

13

SOLIDARITÄT

VERTRAU AUF DICH IN DEM AUGENBLICK, IN DEM DU DICH ENTSCHEIDEST, EINZUSCHREITEN.

Ich war einmal in einem Raum mit über 100 Menschen, die über Frieden und soziale Gerechtigkeit in der Bildung diskutierten. Obwohl wir im selben Raum waren und dieselben Worte verwendeten, waren unsere Definitionen und Vorstellungen nicht unbedingt dieselben. So etwas kann passieren.

Unser Hintergrund und unser Wissen, unsere Entwicklung, unsere Bereitschaft, zu wachsen, und unsere soziale Position (oder unsere Nähe zur dominanten Kultur) haben Einfluss darauf, wie wir miteinander umgehen.

Wir können uns positionieren und handeln oder uns selbst und andere ausbremsen. Wir können ignoriert oder wahrgenommen werden.

Ich wurde getriggert, als eine *weiße* Frau (mit Autorität und Handlungsmacht) vor der ganzen Gruppe darüber sprach, soziale Gerechtigkeit sei ein Konzept. Ich erstarrte förmlich, denn damit bin ich ganz und gar nicht einverstanden. Gerechtigkeit ist nicht bloß ein Konzept. Sie ist eine absolute Notwendigkeit. Unser Überleben hängt davon ab.

Also konfrontierte ich sie. (Darüber, Menschen öffentlich oder persönlich zu konfrontieren, reden wir gleich!) Ich nutzte meine Superkraft und erhob vor der ganzen Gruppe die Stimme. „Das möchte ich so nicht stehen lassen. Gerechtigkeit ist nicht bloß ein Konzept. Sie ist unerlässlich für das Leben.“ Sie wechselte sofort in den Verteidigungsmodus, und ich bekam schnell das Gefühl, ich hätte sie nicht konfron-

tieren sollen. Definitiv nicht öffentlich. Ich bereute den Einsatz meiner Superkraft schon, doch dann schaute ich an ihr vorbei und bemerkte die anderen Angehörigen der Globalen Mehrheit im Raum. Ich sah die vielen anderen Menschen, die außerhalb der imaginären Schublade existierten. Sie nickten, klatschten oder schnipsten mit den Fingern. In diesem Augenblick fühlte ich mich ihnen gegenüber in der Verantwortung. Sie waren diejenigen, die zählten. Wir zählten. Nicht das Wohlbehagen einer Einzelnen.

Es kann passieren, dass Menschen dir das Gefühl geben, das Wohlbehagen einer*s Einzelnen sei wichtiger als die Sicherheit und die Bedürfnisse vieler. Du hast es in der Hand, so einen Augenblick in Richtung Gerechtigkeit und Befreiung zu drehen. Zusammen arbeiten wir auf eine antirassistische Gesellschaft hin.

Meine Freundin Britt erklärt die Arbeit für Gerechtigkeit so: Stell dir vor, wir sind alle auf demselben See unterwegs. Wir starten alle am

WIR SIND ALLE IN DEMSELBEN SEE.

selben Ort und das Ziel (Gerechtigkeit und Befreiung) ist dasselbe, aber jeder bewegt sich mit einem anderen Transportmittel und in einem anderen Tempo fort.

Manche Menschen sitzen in einem Rennboot. Sie sind schnell, brettern über das Wasser und machen Wellen, aber sie haben ihr Ziel, Gleichheit und Gerechtigkeit, klar vor Augen. Anderen erscheint ihre Geschwindigkeit viel zu hoch. Das ist in Ordnung.

Manche Menschen sitzen in einem Kanu. Sie paddeln mit gleichbleibender Geschwindigkeit und kommen auch ans Ziel. Sie brauchen länger als das Rennboot. Und das ist in Ordnung. Manchmal werden sie vom Weg abgebracht, andere Elemente und Menschen haben großen Einfluss auf ihre Geschwindigkeit. Sie ermüden auch beim Paddeln. Ab und zu paddeln Sie vielleicht schneller oder langsamer.

Manche Menschen schwimmen. Sie arbeiten in ihrem eigenen

Tempo und sind allen möglichen Einflüssen von außen ausgesetzt. Wenn sie ohne die Hilfe und Unterstützung von anderen weiter auf ihr Ziel zu schwimmen, werden sie ermüden.

Es ist nicht allein deine Arbeit. Das kann es gar nicht sein. Solidarisch mit anderen zusammenzuarbeiten ist eine unglaublich tolle Möglichkeit, in Aktion zu treten und kollektive Macht für Veränderung aufzubauen.

Während du immer aufmerksamer wirst, in deine Superkräfte hineinwächst und in Aktion trittst, wirst du bemerken, dass manche Menschen mit dir zusammenarbeiten möchten und andere sich von dir distanzieren. Du wirst feststellen, dass du nicht damit einverstanden bist, wie andere stören wollen, oder das Menschen, mit denen du zusammenarbeitest, Dinge anders angehen möchten. Das ist in Ordnung. Wisse, wer du bist. Hab eine Vision. Hör auf die Menschen, die die Auswirkungen deines Tuns spüren, und mach weiter.

Tu was!

Wie geht es dir? Wo bist du in diesem See, in dem wir alle unterwegs sind? Hast du das Gefühl, du schwimmst, paddelst im Kanu oder fährst mit dem Rennboot? Willst du in dieser Geschwindigkeit weitermachen? Wenn ja, wie kannst du die unterstützen, die in einem anderen Tempo unterwegs sind? Kannst du dein Tempo aufrechterhalten? Was würde passieren, wenn du das Tempo änderst?

14

ÖFFENTLICH ODER PERSÖNLICH KONFRONTIEREN

PERSÖNLICH ODER ÖFFENTLICH KONFRONTIEREN? IST DAS EINE BESSER ALS DAS ANDERE?

Ich will ganz ehrlich sein, ich glaube nicht, dass eines besser ist als das andere. Ich persönlich konfrontiere Menschen öfter in der Öffentlichkeit als persönlich und ohne dass andere dabei sind. Ich komme damit am besten klar, aber das heißt nicht, dass es für dich auch so sein muss.

Im Laufe der Jahre habe ich gelernt, dass die meisten es vorziehen, andere persönlich zu konfrontieren, wenn jemand etwas gesagt oder getan hat, was für eine unterdrückte Gruppe verletzend ist, und auch selbst persönlich konfrontiert zu werden.

Sagen wir, es macht jemand eine Bemerkung über eine Vietnamese American-Mitschülerin: „Die willst du nicht in deiner Sportmannschaft, die ist besser in der Chemie-AG aufgehoben."

Wenn du die Person persönlich konfrontieren willst, kannst du sie bitten, mit dir zu Mittag zu essen, und ihr dann sagen, dass sie den **„Mythos der Vorzeigeminderheit"** aufrechterhält und dass nicht alle Menschen mit asiatischen Vorfahr*innen Genies in Mathe oder Chemie sind. Du kannst ihr*ihm erklären, dass die Bemerkung einen Großteil der Weltbevölkerung über einen Kamm schert und alle Menschen mit asiatischen Bezügen zu einer großen Gruppen zusammenwirft, die alle gleich sind. Aber das entspricht nicht der Wahrheit. Von Asiat*innen zu sprechen, um alle Menschen aus asiatischen Ländern und mit asiatischen Bezügen zu beschreiben, verschweigt die unermesslichen und vielfältigen Geschichten, Kulturen und Erfahrungen aller.

Für eine persönliche Konfrontation kannst du einer Person auch eine E-Mail oder SMS schicken, um ihr zu erklären, dass eine Aussage verletzend war. Du kannst ihr*ihm Artikel und Videos schicken, die erklären, dass sie*er das Stereotyp, Menschen mit asiatischen Bezügen wären nur gut in Mathe und Chemie, fortschreibt. Du kannst die Person auch anrufen und ihr sagen, dass du gehört hast, was sie gesagt hat, und dass es dich beschäftigt, weil sie Falschinformationen verbreitet und ein Stereotyp benutzt hat, um einen Graben zwischen deiner Vietnamese American-Klassenkameradin und den anderen zu ziehen.

Jemanden persönlich zu konfrontieren kann eine ziemlich effektive Methode sein, um mit jemandem daran zu arbeiten, ihr*sein problematisches Verhalten zu verändern. Der Ansatz ist etwas behutsamer, und sie*er wird dir vermutlich eher zuhören. Aber es erfordert einiges an Anteilnahme von dir und du musst Zeit und Energie investieren.

Wenn du jemanden öffentlich konfrontierst, sind andere dabei und werden Zeug*innen des Wortwechsels. Wahrscheinlich sagst du die Dinge, über die wir gerade sprachen, so, dass andere es mitbekommen.

Jemanden öffentlich zu konfrontieren kann ebenfalls sehr effektiv sein. Allerdings gehst du damit ein Risiko ein. Du richtest die Aufmerksamkeit auf das unterdrückerische und verletzende Verhalten einer*s anderen. Andere können dich hören, und du übernimmst große Verantwortung, weil mehrere Menschen darin verwickelt sind.

Es passiert uns allen, dass wir mit unserem Verhalten oder unseren Worten konfrontiert werden. Wenn du die*derjenige bist, die*der gerade öffentlich konfrontiert wurde, denk, statt sofort in den Verteidigungsmodus zu gehen und die Stacheln aufzustellen, darüber nach, was dein Gegenüber gerade gesagt hat. Nimm es ernst. Bedank dich bei ihr*ihm für die Bemerkung und lass erkennen, dass du zugehört hast. Nutz es, um etwas zu lernen, lass dich auf ein Gespräch ein und hak nach. Auf diese Art lernen wir und kommen voran. Wie die US-amerikanische Dichterin, Sängerin und Aktivistin Maya Angelou sagte: „Wenn du es besser weißt, dann mach es besser."

Egal ob du jemanden öffentlich oder persönlich konfrontierst, sei dir bewusst, dass es sich unschön anfühlen kann und auch sein wird. Du wirst dich hinterher fragen, ob es wirklich sein musste. Ab und zu wirst du auch Fehler machen, das tun wir alle. Jedes Mal, wenn du in Aktion trittst, hast du eine neue Chance, zu lernen und zu wachsen. Du hast das Zeug dazu!

„WENN DU ES BESSER WEISST, DANN MACH ES BESSER."

Bevor du jemanden konfrontierst, nimm dir dein Notizbuch und stell dir die folgenden Fragen. Es hilft dir zu entscheiden, wie du weitermachst.

- Wer hat in dieser Situation die Macht? Die Person, die ich konfrontiere, oder ich?

(Wenn du in dieser Situation die Macht hast, dann zieh in Betracht, sie*ihn persönlich zu konfrontieren.)

- Geht es um einen Menschen oder um systemisches Verhalten?

(Wenn es um systemisches Verhalten oder eine Institution geht, mach es öffentlich.)

- Wie viel Energie bringe ich auf? Wie viel emotionale Arbeit kann ich im Augenblick leisten?

(Wenn du nicht die Energie hast oder nicht bereit bist, die emotionale Arbeit zu leisten, die erforderlich ist, um jemanden zu belehren und zusammen mit dieser Person an der Veränderung zu arbeiten, zieh in Erwägung, die Aufgabe, sie*ihn ersönlich zu konfrontieren, jemand nderem zu überlassen. Ich habe eine reundin, die mir aushilft, wenn ich nicht e Kapazität habe, *weiße* Menschen ber rassistische Unterdrückung zu be-hren.)

Wie wahrscheinlich ist es, dass dieser ensch ihr*sein problematisches Verhal-en ändert?

Venn es eher unwahrscheinlich ist, kon-ontier sie*ihn öffentlich. Falls es jemand t, die*den du schon einmal persönlich onfrontiert hast, und die Person ändert ichts an ihrem Verhalten, konfrontier e diesmal öffentlich.)

Wer ist noch anwesend? Wem gegen-ber bin ich in diesem Augenblick ver-ntwortlich? Stelle ich meine Bedürfnisse den Mittelpunkt oder die der Gruppe? Vas passiert, wenn ich dieses Verhalten ffentlich kritisiere? Was passiert, wenn h diesen Menschen persönlich kon-ontiere?

Was will ich mit der Konfrontation errei-hen?

IN DIESEM ABSCHNITT:
• PRIVILEGIEN
• AKTIVE VERBÜNDETE
• BEZIEHUNGEN AUFBAUEN
• DICH SELBST LIEBEN
• WIE WIR WACHSEN
• BEFREIUNG

DIE TÜR AUFHALTEN

SICH SOLIDARISCH GEGEN RASSISMUS EINSETZEN

DIE TÜR AUFHALTEN

15

PRIVILEGIEN

DU BIST WACH GEWORDEN, DU DENKST NACH, DU HAST DIR EINEN PLAN GEMACHT UND BIST BEREIT, IN AKTION ZU TRETEN. ABER NOCH SIND WIR NICHT SO WEIT. WIR SIND UNS UND ANDEREN GEGENÜBER VERANTWORTLICH.

Du bist wach geworden, du denkst nach, du hast dir einen Plan gemacht und bist bereit, in Aktion zu treten. Aber noch sind wir nicht so weit. Wir sind uns und anderen gegenüber verantwortlich.

Aber wie packt man es an? Wie kann man sich solidarisch mit anderen zeigen? Wenn wir uns für etwas engagieren, bringen wir unsere verschiedenen sozialen Identitäten, unsere Unterdrückung, unsere Handlungsfähigkeit, unsere Macht und unsere Privilegien, unsere Erfahrungen und alles andere mit, was uns zu der*dem macht, die*der wir sind.

Es ist sehr wichtig, jede*n Einzelne*n in ihrer*seiner Ganzheit anzuerkennen. Manchmal decken sich deine sozialen Identitäten mit denen anderer. Manchmal ergänzen deine Identitäten die einer*s anderen und ihr könnt deine Privilegien nutzen, um die*den andere*n zu unterstützen. Ein andermal sind eure Identitäten vielleicht sehr ähnlich, und dann ist es wichtig, die kleinen Unterschiede eurer Intersektionalitäten zu bemerken und anzuerkennen. (Auf Seite 21 kannst du, wenn du magst, noch einmal nachsehen, was Intersektionalität bedeutet.)

Ich weiß, wer ich bin. Und ich lerne immer noch dazu, wie meine verschiedenen Teile mich in unserer Gesellschaft zu einem ganzen Menschen machen. Ich weiß, dass manche Teile von mir außerhalb der Schublade sind und manche Teile von mir darin oder bei der dominanten Kultur gut ankommen. Weil ich light-skinned bin, fühlen sich Menschen, die in der Kiste leben, wohl. Ihr Blick fällt auf mich und meine offenen Locken und meine hellbraune Haut, und sie sehen eine, die sein könnte wie sie. Ich spreche kein **Afroamerikanisches Englisch** (**AAVE**), sie hören mir also relativ bereitwillig zu. Das sind Teile von mir, die mir Zugang zum *Weiß*-Sein verschaffen. Diese Nähe bedeutet für mich Handlungsfähigkeit. An diesem Privileg und dieser Macht festzuhalten dient nur der dominanten Kultur. Damit erlaube ich, dass Rassismus sich fortsetzt. Doch das liegt nicht in meinem Interesse.

Meine relative Nähe zur dominanten Kultur gibt mir Macht, sie zunichte zu machen. Ich kann sie nutzen, um die Türen, die mir geöffnet wurden, weit aufzuhalten für die, die am Rand stehen. Das kannst du auch – besonders wenn du der dominanten Kultur angehörst. Die Schwarze feministische Aktivistin Brittany Packnett sagt uns:

„NUTZE DEINE PRIVILEGIEN."

Deine Privilegien zu nutzen bedeutet, Gebrauch von deiner Macht zu machen, um zu verändern, was als normal gilt. „Die sozialen Medien zu nutzen, um das Bewusstsein für unterrepräsentierte Themen zu schärfen, ist ein guter Anfang. Aber sobald du denkst, du hättest deine Privilegien genug genutzt, ist das ein Zeichen dafür, dass es Zeit ist, noch mehr zu tun“, schreibt Packnett. Wenn du ein cis Mann bist, nutze deine Position, um trans Menschen und Frauen und ihre vielen Identitäten zu unterstützen. Wenn du in einer wirtschaftlich stabilen Lage bist, nutze deine Position, um Ressourcen umzuverteilen und die zu stärken, die in Armut leben. Wenn du *weiß* bist, nutze deine Privilegien, um den Perspektiven von Angehörigen der Globalen Mehrheit Raum zu verschaffen: Mach Platz und gib ihnen den Raum und sei aufmerksam, wenn sie berichten. In den Verteidigungsmodus zu gehen und deine Ansichten in den Mittelpunkt zu stellen, wenn du konfrontiert wirst, erhält Rassismus am Leben.

LERNE VON MENSCHEN, DIE AUSSERHALB DER SCHUBLADE DER DOMINANTEN KULTUR SIND.

ARBEITE SOLIDARISCH MIT ANDEREN ZUSAMMEN.

ACHTE DARAUF, NICHT IN DIE FALLE DES „WHITE SAVIOURISM“ UND DER „WOHLTÄTIGKEIT“ ZU TAPPEN.

BIPOC MÜSSEN NICHT GERETTET WERDEN.

ES IST FÜR UNS ALLE WICHTIG, DASS RASSISMUS ÜBERWUNDEN WIRD.

Tu was!

Wenden wir uns wieder der imaginären Schublade zu.

Zeichne einen Kasten in dein Notizbuch. Notiere darin diejenigen deiner Identitäten, die Teil der dominanten Kultur sind. Schreib außen auf den Kasten diejenigen deiner Identitäten, die im Abseits stehen.

In den Identitäten, die in dem Kasten sind, hast du Macht. Dies ist das Privileg, das du nutzen kannst. Setz die mit diesen Identitäten einhergehende Macht ein, um dich solidarisch mit Menschen außerhalb der imaginären Schublade zu engagieren.

Die Identitäten außerhalb des Kastens sind die, mit denen du an den Rand gedrängt wirst. Dort wirst du systematisch unterdrückt. Dort hast du zwar kein Privileg und keine Macht, aber Erfahrungen und Wissen. Wenn du das mit anderen teilen kannst, nützt es dir beim Aufbau von Solidarität mit Menschen, deren Identitäten nicht mit sozialer Macht verbunden sind.

DIE TÜR AUFHALTEN

16

AKTIVE VERBÜNDETE

Wir sind aufgerufen, alles zu tun, um zu begreifen, wie wir an diesen Punkt gelangt sind. Wir müssen analysieren, wie Rassismus entstand, und verstehen, warum wir immer noch in diesem Smog feststecken. Und dann können wir anfangen, die Luft zu reinigen. Vielleicht bist du bereit, mit anderen zusammenzuarbeiten, um eine antirassistische Gesellschaft anzustreben. Und jetzt fragst du dich, was deine Rolle sein kann. Es gibt viele verschiedene Bezeichnungen für die, die sich solidarisch zeigen: Verbündete, Kompliz*innen, Partner*innen, Kollaborateur*innen und Mitverschwörer*innen. Alle diese Begriffe haben leicht unterschiedliche Bedeutungen. Ich bevorzuge Kompliz*innen und Mitverschwörer*innen. Sie erinnern mich daran, in meinem Antirassismus Risiken einzugehen!

Halt einen Augenblick inne und denk nach. (Ein guter Zeitpunkt, um dein Notizbuch herauszuholen!) Was kannst du als Kompliz*in

beitragen? Wie kannst du Verbündete*r sein?

Hier ein paar Dinge, an denen ich arbeite:

- Werd wütend. Rassismus schadet uns allen.
- Lern immer weiter. Lern alles, was du nur lernen kannst, um ein*e gute*r Unterstützer*in sein zu können.
- Find heraus, wo du und deine Familie in eurem Lebensumfeld Einfluss habt. Reni Eddo-Lodge, eine britische Autorin schreibt: „*Weiße*, sprecht mit anderen *Weißen* über Rassismus." Meine Freundin Katie, eine *weiße* Lehrerin aus Kalifornien, gibt Workshops und Kurse für *weiße* Erwachsene und Kinder, um *weiße* Vorherrschaft zu demontieren. Wenn ich von einer *weißen* Person gefragt werde, übernimmt Katie das Gespräch für mich. Eigentlich keine große Sache; wir wissen einfach, dass *Weiße* ihr, weil sie *weiß* ist, meistens eher zuhören als mir. Wenn du BIPoC bist, achte darauf, wo du Privilegien hast. (Vergiss nicht, wir haben alle unterschiedliche Intersektionalitäten!)
- Lern die Perspektiven der Angehörigen der Globalen Mehrheit kennen und schenk ihnen Glauben. Allmählich sehen und hören wir mehr von ihnen in Büchern, Filmen und im Fernsehen; aber es wird nur langsam mehr. Rund 7% aller neuen Bücher für Kinder und junge Erwachsene werden von Autor*innen der Globalen Mehrheit geschrieben.[31] BIPoC sind in Filmen immer noch stark

unterrepräsentiert; knapp 75% der Sprechrollen in Filmen und im Fernsehen werden mit *weißen* Schauspieler*innen besetzt.[32] Sieh dir Filme an, in denen BIPoC Regie geführt haben, solche, die BIPoC auf positive Weise zeigen statt als Stereotype, und feiere Schauspieler*innen der Globalen Mehrheit. Lies Bücher von BIPoC, die ihre #OwnVoices – ihre eigenen Stimmen – erheben.

- Verteil Ressourcen um und unterstütz die Arbeit von BIPoC. Du kannst einer Organisation, die von Angehörigen der Globalen Mehrheit geleitet wird oder für diese arbeitet, Geld oder Zeit spenden oder in Läden, deren Besitzer*innen BIPoC sind, einkaufen (Kunst, Lebensmittel, Kleidung).
- Stell dich gegen Polizeigewalt: Nimm an örtlichen Protestveranstaltungen und Kundgebungen teil, wenn BIPoC von der Polizei verletzt werden. Bring deine Familie mit, deine Freund*innen, Lehrer*innen und Klassenkamerad*innen. Wenn viele Menschen sich versammeln, haben sie wirklich Kraft und Macht. Konfrontier Menschen in Machtpositionen öffentlich.
- Identifizier Rassismus. Stell ihn immer in Frage.
- Misch dich ein, sag deine Meinung. Wenn du Mikroaggressionen mitbekommst, hinterfrag sie. Wenn du mitbekommst, dass eine Person eine andere fragt: „Woher kommst du wirklich?“, sag etwas in der Art wie „Warum willst du das wissen?“ oder „Was willst du wirklich wissen?“ oder „Würde es dir gefallen, so etwas ständig gefragt zu werden?“ Konfrontier die Leute.
- Wenn du hörst, wie jemand sagt: „Für ein Schwarzes Mädchen bist du hübsch“, sag so etwas wie „Du bist ziemlich rassistisch. Dass deine Vorstellung von Schönheit auf antiquierten, *weißen* Schönheitsidealen basiert, heißt nicht, dass du sie uns anderen überstülpen musst. Behalt deine rassistischen Sprüche für dich und lass dir was Besseres einfallen.“
- Wenn du mitbekommst, dass jemand Menschen als „Illegale“ bezeichnet, kannst du der Person erklären: „Niemand ist illegal.“
- Wenn dein*e Lehrer*in oder der*die Bibliothekar*in immer nur Bücher und Geschichten mit *weißen* Charakteren von *weißen* Autor*innen vorstellt, kannst du

ihnen sagen, dass wir, wenn wir immer nur eine Perspektive und einen Standpunkt hören (nämlich den der dominanten Kultur), uns selbst in diesen Geschichten nicht wiedererkennen, und dass uns das Gefühl vermittelt wird, wir würden nicht zählen und nicht dazugehören. Setz dich für Veränderungen ein.

- Wenn du hörst, dass eine Person sagt: „Ich bin kein*e Rassist*in, aber ...", kannst du deine Kraft des Unterbrechens nutzen, um sie*ihn am Weiterreden zu hindern, denn wahrscheinlich sagt sie*er gleich etwas Rassistisches.
- An unseren Schulen gibt es immer häufiger rassistische Schikanen. Sei wachsam. Erkenne, wenn du rassistische Sprüche hörst und Beschimpfungen mitbekommst. Berichte deiner*m Lehrer*in, der Vertrauenslehrkraft, der Schulleitung, Eltern oder anderen Erwachsenen, denen du vertraust, davon; sie werden dir helfen. Schau nach der Person, die gemobbt wurde. Frag sie, ob sie mit dir zu Mittag essen will oder geh mit ihr zur Klasse, damit sie nicht allein ist.
- Achte darauf, wann du die kulturellen Erfahrungen und die Arbeit von BIPoC anerkennst, und wann du sie dir aneignest (zur eigenen Verwendung benutzt).
- Stell dich gegen rassistische Haltungen und Taten gegen BIPoC. Vielleicht bekommst du mit, wie Familienmitglieder oder Eltern in der Schule darüber sprechen, dass sie „ihr Land zurückwollen". Dann kannst du ihnen widersprechen und sie mit ihrem Rassismus konfrontieren.
- Achte darauf, wie viel Raum du einnimmst. BIPoC werden ständig zum Schweigen gebracht, übertönt und zur Seite gedrängt. Wenn du BIPoC bist, nimm Raum ein! Setz dich, wohin du willst. Geh an den Anfang der Schlange und nimm andere BIPoC mit. Sprich als Erste*r. Wenn du *weiß* bist, mach Platz. Du kannst anderen *Weißen* helfen, ebenfalls Platz zu machen, indem du ihnen erklärst, warum du nicht mehr so viel Raum einnimmst, wie dir immer zugestanden wurde. Du kannst auch innehalten, bevor du sprichst. Die Welt ist daran gewöhnt, dass die Perspektiven und Geschichten von *Weißen* im Mittelpunkt stehen. Verändere

die Erzählung.

- Sei für Angehörigen der globalen Mehrheit da. In einer Gesellschaft unerwünscht zu sein, ist anstrengend.

Verbündete*r zu sein ist lebenslange Arbeit. Wie die sudanisch-australische Moderatorin und Autorin Yassemin Abdel-Magied schreibt: „Ein*e aktive*r Verbündete*r zu sein ist nichts, was man ein- und ausschalten kann, wenn man einen BIPoC Freund oder eine Freundin hat. Denk daran, es immer zu sein.“ Manchmal kommt es auch zu unschönen Situationen, und es kann sein, dass du Fehler machst. Das passiert. Das Wichtigste ist, es zu erkennen, wenn du einen Fehler gemacht hast, wenn du kein*e echte*r Kompliz*in warst, und es zu ändern. Dein Tun hat nachhaltige Auswirkungen.

Es geht beim aktiven Verbünden nicht um dich. Es ist keine Darbietung oder etwas, was du machst, um in sozialen Medien mehr Likes zu kriegen. Es ist etwas, woran du arbeitest, um dich für eine gerechtere Gesellschaft einzusetzen.

Daran arbeite ich unablässig. Weißt du noch, dass meine Superkraft das Unterbrechen ist? Es gibt Zeiten, da kommt mir meine Superkraft kein bisschen gelegen. Ich ertappe mich oft dabei, dass ich meinem Gegenüber gar nicht richtig zuhöre. Offensichtlich glaube ich, das, was ich zu sagen habe, wäre wichtiger als das, was andere sagen. Ich arbeite mit Volldampf daran, das zu ändern. Unsere Gesellschaft hat mich darauf getrimmt, zu denken, weil ich light-skinned bin und auf der Uni war, wäre ich anderen überlegen. Das bin ich nicht. Ich arbeite daran, mich nicht mehr in den Mittelpunkt der Geschichten anderer Menschen zu stellen. Zuzuhören, wenn BIPoC Rassismuserfahrungen teilen, ist unbedingt notwendig, um starke Koalitionen aufzubauen. Wir alle haben unterschiedliche Geschichten und Ansichten zu teilen. Da-

durch bekommen wir ein tieferes Verständnis dafür, wie Rassismus sich auf unser aller Leben auswirkt.

Noch mal ganz deutlich: Es ist nicht die Aufgabe der Angehörigen der Globalen Mehrheit, *weiße* Menschen über ihre Unterdrückung zu belehren. Es ist die Aufgabe der *Weißen*, zu lernen und zu wachsen.

Tu was!

Stell dir selbst ein paar Fragen ...

Wem gibst du Raum?

Worüber informierst du dich?

Wann bist du bei der Sache und wann unterbrichst du?

Wie nimmst du teil, damit du wirklich mitbekommst, was gesagt wird?

DIE TÜR AUFHALTEN

17

BEZIEHUNGEN AUFBAUEN

Antirassismus ist lebenslange Arbeit. Womit wir es aufnehmen, hat mit unseren Vorfahr*innen angefangen, und was wir zurücklassen, wird von jenen, die nach uns kommen, fortgeführt. Wenn du dich einsetzt, um nicht nur Rassismus zu stören, sondern auch sein Fundament aktiv zu demontieren, erweist du nicht nur dir selbst und den Angehörigen der Globalen Mehrheit Ehre. Du baust auch lebenslange vertrauensvolle Beziehungen auf, die gerecht und zukunftsfähig sind.

Lange habe ich versucht, eine schwerfällige Institution zu verändern und dazu zu bringen, sich aktiv gegen Rassismus einzusetzen. Ich habe es allein versucht. Und dabei habe ich großzügig sehr viel Zeit, Energie, Wissen und Ressourcen eingesetzt. Irgendwann war ich müde, frustriert, wütend, verzagt und kurz davor aufzugeben.

Und dann fand ich, Gott sei Dank, „meine Leute". Ich tat mich mit anderen Menschen zusammen, die ähnliche Arbeit in Schulen leisten, insbesondere zum Thema Antirassismus. „Meine Leute" sind die, denen ich meine Vision von Gerechtigkeit anvertrauen kann. Sie helfen mir, ein besserer Mensch zu sein, indem sie mich herausfordern und bestätigen. Es sind Menschen, die an ihrem Tisch immer einen Platz für mich haben.

Wegen der gemeinsamen Arbeit hatten wir schnell einen Draht zueinander, und wir waren froh, andere zu haben, die verstehen, was wir meinen, wenn wir von Rassismus sprechen.

ICH HOFFE, DU FINDEST DEINE LEUTE.

ES BRAUCHT ZEIT, SOLCHE FESTEN, VERTRAUENSVOLLEN BEZIEHUNGEN AUFZUBAUEN.

Ich sage nicht, dass du dich mit allen anfreunden musst. Ich rate dir nur: Wenn du mit anderen in Verbindung trittst, dann bemühe dich darum, dass die Beziehungen auf Augenhöhe sind.

DEINE PRIVILEGIEN VERSTEHEN

Das Konzept der Intersektionalität hilft uns zu begreifen, dass wir, obwohl wir ähnliche soziale Identitäten haben, nicht gleich sind und unterschiedliche Erfahrungen gemacht haben. Ich identifiziere mich als Schwarze cis Frau mit einem Schwarzen und einem *weißen* Elternteil. Es gibt viele andere Schwarze cis Frauen mit einem Schwarzen und einem *weißen* Elternteil in der Welt. Wir fallen alle unter dieses Etikett, und manches haben wir ähnlich erlebt, anderes nicht.

Während meiner Grundschulzeit und in der Sekundarschule waren meine Schwester und ich in vielen Kursen für Fortgeschrittene. Wir nahmen sogar am „begabt und talentiert"-Programm teil, wo wir mehr forschen konnten. Wir wurden von unserer *weißen* Mutter und unserer *weißen* Familie aufgezogen. Unser Schulbezirk hatte uns mit dem Etikett *weiß* versehen. Meine Lehrer*innen nahmen meine hellere Hautfarbe wahr und glaubten, ich wäre besser als meine dark-skinned Klassenkamerad*innen. Sie zeigten das dadurch, dass sie höhere Erwartungen an mich stellten und mich ermutigten, Vorbereitungskurse für die Uni zu besuchen. Viele meiner dark-skinned Klassenkamerad*innen wurden als Unruhestifter*innen betrachtet, ihnen wurde nahegelegt, zum Militär zu gehen oder eher technische Kurse zu besuchen.

Wie ich vorn schon erwähnt habe, erlaubte mir meine Nähe zum *Weiß*-Sein, mich in der dominanten Kultur freier zu bewegen. Ich bin für *Weiße* annehmbarer. Dieses Privileg hat mir während meiner Schulzeit – und darüber hinaus – mehr Möglichkeiten verschafft. Obwohl wir eine Familie der Arbeiter*innklasse mit Migrationsgeschichte waren, konnten meine Schwester und ich auf die Universität gehen und Berufe ergreifen, die uns sehr liegen. Wegen meiner Nähe zur dominanten Kultur kann ich Auto fahren, ohne mir Sorgen machen zu müssen, wegen etwas anderem als einem kaputten Bremslicht angehalten zu werden. Und wenn die Polizei mich anhält, muss ich mir keine Sorgen machen, getötet zu werden wie Pilando Castile oder im Gefängnis zu landen wie Sandra Bland. Wegen meiner Privilegien glauben und vertrauen die Menschen mir eher. Ich bin nicht besser als andere, nur weil ich light-skinned bin.

Du bemerkst Privilegien nicht, weil sie Teil deiner Identität sind, die (dank der imaginären Schublade) als normal gelten. Wir müssen uns aktiv bemühen, quer durch unsere verschiedenen Identitäten zu verstehen, wo wir Privilegien genießen.

Tu was!

Führ dein Notizbuch fort und schreib ein paar Überlegungen nieder. Das ist etwas, worauf du immer wieder zurückkommst ...

Du bist dir bewusst, wo du Privilegien und Macht besitzt, weil du dich viele Male mit deinen sozialen Identitäten befasst hast.

Welche Privilegien sind das?

Wenn du *weiß* bist, kannst du Rassismus, wenn du willst, ignorieren. Wenn du cis bist, musst du dir keine Gedanken darüber machen, ob andere komisch gucken, welche Toilette du benutzt. Wenn du Bürger*in deines Landes bist, musst du dir keine Sorgen machen, von der Einwanderungsbehörde inhaftiert zu werden.

Wie kannst du das nutzen, um Rassismus zu stören?

Was bist du bereit aufzugeben, damit das Fundament Risse bekommt? (Vergiss nicht, selbst die von uns, die sich außerhalb der dominanten Kultur definieren, besitzen in verschiedenen Aspekten ihrer Identitäten Macht.)

18

LIEBE DICH SELBST

Bekenne dich zu der Person, die du bist und zu der du dich entwickelst. Liebe dich selbst und die Menschen um dich herum.

Es dauert seine Zeit, herauszufinden, wer du bist und welche Rolle du im Antirassismus einnimmst. Diese Rolle wird sich verändern. Genau wie du.

Ich habe mein ganzes Leben damit verbracht, zu verstehen, wer ich bin. Meine Positionierung hat sich nicht verändert, aber mein Bewusstsein dafür. Genau wie mein Verständnis dafür, dass meine Geschichte als Nachfahrin sowohl von Kolonisator*innen als auch von Kolonisierten Auswirkungen darauf hat, wie die Gesellschaft mich sieht und wie ich mich sehe.

Je mehr ich darüber erfuhr, wie ich aktiv werden und solidarisch mit anderen zusammenarbeiten kann, desto klarer wurde mir meine Rolle im Antirassismus. Die Augenblicke, in denen ich stolz auf mich war, waren solche, in denen ich bereit und fähig war, diese Arbeit auf mich zu nehmen. James Baldwin schrieb in seinem Buch „Nach der Flut das Feuer“:

„DIE EIGENE VERGANGENHEIT – DIE EIGENE GESCHICHTE – ANZUNEHMEN BEDEUTET NICHT, DARIN ZU ERTRINKEN; ES BEDEUTET, SIE ZU NUTZEN. EINE ERFUNDENE VERGANGENHEIT LÄSST SICH NICHT NUTZEN, SIE BRICHT UND BRÖCKELT UNTER DEM DRUCK DES LEBENS WIE LEHM IN DER DÜRRE.“

SEI GANZ DU SELBST.

Ich habe mir meine Vergangenheit zu eigen gemacht und mich nicht damit abgefunden, die zu sein, zu der die Gesellschaft mich konditioniert hat. Das kannst du auch. Menschen werden dich in die Schublade pressen wollen. Sie werden dir einreden wollen, du wärst zu jung, um etwas zu verändern, du solltest dich darauf konzentrieren, gute Noten zu schreiben und auf die Uni zu gehen. Vielleicht sagen sie dir auch, du sollst still sein, deine Perspektive zählte nicht. Bitte, glaub ihnen nicht. Glaub an dich. **Ich glaube an dich.**

Liebe dich selbst und setz klare Grenzen. Es ist in Ordnung, Nein zu sagen. Du musst dafür sorgen, dass du sicher bleibst. Du weißt, was du kannst. Du brauchst vielleicht Zeit allein, um deine Batterien aufzuladen; vielleicht musst du auch unter Leute gehen, um Energie zu kriegen. Antirassistische Arbeit kann sehr kräftezehrend sein. Du arbeitest unablässig gegen etablierte Normen, die seit Jahrhunderten gelten. So lange gibt es dich noch nicht. Es ist auch in Ordnung, Ja zu sagen und diese große Aufgabe, den Rassismus zu demontieren, auf sich zu nehmen! Pass gut auf dich auf. Trink immer genug. Sorg für ausreichend Schlaf. Lies ein gutes Buch. Geh in die Natur. Genieß die Zeit mit Familie und Freund*innen. Feiere dich.

Meine Leute ehren mich für alles, was ich bin. Und ich feiere und ehre sie. Wir sind stolz auf das, was wir erreichen, und unterstützen uns gegenseitig. Wir sprechen unsere Erfahrungen aus und hören sie. Wir lernen von einander. Wir finden Freud*innen, wo immer wir können. Wir tanzen zusammen. Wie lieben uns; so bleiben wir stark.

Tu was!

Erinnere dich daran und schreib es auf …

Wer bist du? **Wer ist das DU, das du feiern wirst?**

Wen wirst du feiern?

Welche Grenzen kannst du ziehen?

wer bin ich?

19

WIE WIR WACHSEN

LASS DICH NICHT VON DEINEN FEHLERN DEFINIEREN. ICH MACHE AUCH NICHT ALLES RICHTIG. ICH LERNE WEITER; ICH LERNE DAUERND DAZU.

Ich konfrontiere Leute eher öffentlich als persönlich, und das ist, gerade wenn es darum geht, Beziehungen aufzubauen, nicht immer förderlich, besonders, wenn ich Menschen kritisiere und nicht das System.

Einmal habe ich einem *weißen* Freund vor einem ganzen Raum voller Menschen gesagt, dass ihm vermutlich eher zugehört wird, weil er *weiß* ist und ein Mann. (Das stimmt.) Ich hätte diese Bemerkung nicht zu diesem Zeitpunkt an diesem Ort machen müssen. Ich hätte ihm das auch nichtöffentlich sagen können.

Wir kennen uns seit Jahren, und er engagiert sich, um Angehörigen der Globalen Mehrheit ein besserer aktiver Verbündeter zu sein. Diese öffentliche Konfrontation versetzte ihn in den Verteidigungsmodus und schloss ihn aus einem Gespräch darüber aus, wie wir ein System stören können, das immer glaubt, *weiße* Männer würden über Frauen of Color stehen.

Es hätte produktiver verlaufen können. Wir hätten eine Strategie für ihn entwickeln können, wie er seine Stimme und seine Macht in seiner Position nutzen kann, um unser eingefahrenes Verhalten zu verändern. Meine öffentliche Konfrontation würgte unsere solidarische Zusammenarbeit ab und verhinderte ein offenes Gespräch über Macht und Privilegien.

ICH LERNE DAUERND DAZU.

Um es ganz deutlich zu sagen: Mir liegt nichts daran, meine antirassistische Arbeit an der Komfortzone von *Weißen* auszurichten.

WIR WACHSEN AN UNSEREM UNBEHAGEN.

Aber ich muss begreifen, dass meine Handlungen Folgen haben. Als ich meinen Freund öffentlich konfrontierte, tat ich es in der Absicht, Bewusstsein zu schaffen. Doch es dauerte länger, das gegenseitige Vertrauen wieder aufzubauen, und deswegen kamen wir nicht dazu, zu überlegen, wie wir seine Privilegien dafür nutzen könnten, ihm zu einem Mitverschwörer zu machen, um die Struktur zu verändern, die *weiße* Männer an die Spitze der Hierarchie setzt.

Entschuldige dich, wenn du einen Fehler gemacht hast. Ich mache das nicht so oft, wie ich eigentlich sollte. Ich bin stur und gebe ungern zu, wenn ich falsch liege. In der dominanten Kultur hat man uns beigebracht, wenn wir Fehler machen, wären wir kein so wichtiges Mitglied der Gesellschaft mehr. Das stimmt nicht. Jeder macht Fehler; wir können daraus lernen und es beim nächsten Mal besser machen.

Auch wenn du in guter Absicht gehandelt hast, können deine Fehler lange nachwirken. Sei offen, wenn andere dich konfrontieren. Und lern daraus. Bemüh dich, diese Fehler nicht zu wiederholen, und versuch, dich nicht von ihnen davon abhalten zu lassen, die Arbeit zu tun.

Tu was!

Dein Notizbuch ist bestimmt fast voll. Es füllt sich! Lass uns einen Augenblick **über unsere Fehler nachdenken**, damit wir daran wachsen.

Welchen Fehler hast du gemacht, als du dich entschieden hast, etwas zu tun und gegen Rassismus einzutreten? Oder war dein Fehler vielleicht, nicht zu reagieren?

Was kannst du in einer ähnlichen Situation das nächste Mal besser machen?

DIE TÜR AUFHALTEN

20

UNSERE FREIHEIT

„WENN DU HERGEKOMMEN BIST, UM MIR ZU HELFEN, VERSCHWENDEST DU DEINE ZEIT. ABER WENN DU GEKOMMEN BIST, WEIL DEINE BEFREIUNG ENG VERKNÜPFT IST MIT MEINER, DANN LASS UNS ZUSAMMENARBEITEN."

– Lilla Watson, Indigenous Australian (Murri), Künstlerin, Aktivistin und Wissenschaftlerin

---

Antirassismus ist der Weg zur Freiheit. Frei sind wir, wenn wir Liebe und Freude ohne Angst, Verurteilung oder Strafe ausdrücken können. Frei sind wir, wenn unsere Institutionen für alle da sind, nicht nur für die Angehörigen der dominanten Kultur. Wenn wir, die außerhalb der Schublade existieren, die Ressourcen besitzen, um unsere eigenen Institutionen zu gründen, werden wir alle frei sein.

Noch steckt der Rassismus tief in uns drin. Er ist überall, und wir müssen uns seiner ständig bewusst sein, damit der Smog uns nicht verschluckt. Es ist so leicht, es sich darin bequem zu machen, besonders wenn du von dem System profitierst, das für dich geschaffen wurde. (Damit meine ich euch *Weiße* und die, die als *Weiße* durchgehen.) Wir sollten nicht länger inaktiv sein und Rassismus einatmen. Wir müssen eine antirassistische Perspektive einnehmen, um die Welt endlich besser zu verstehen. Wir haben einander.

Unsere Befreiung ist eng miteinander verknüpft. Ich kann diese Struktur unmöglich allein niederreißen. Du kannst sie nicht allein stürzen. Wir stecken da gemeinsam drin. Indem wir unsere **Kompliz*innenenschaft** mit dem *Weiß*-Sein aufgeben und uns nicht mehr für das Wohlbehagen anderer *Weißer* verantwortlich fühlen, sprengen wir die ersten kleinen Risse in das System des Rassismus.

Dein Bewusstsein für dich selbst, deine Rolle in der Gesellschaft, deine Privilegien und deine Macht werden weiter wachsen. Du begreifst immer besser, wie es dazu kam, dass Rassismus so ein integraler Bestandteil unserer globalen und lokalen Gesellschaften ist. Du kannst mit immer besseren Strategien und wachsendem Selbstbewusstsein unterbrechen, stören und in Aktion treten. Und du bist bereit, solidarisch mit anderen zusammenzuarbeiten. Du bist Teil von etwas Großem. Du schreibst deine Geschichte und unsere.

Jede*r von uns ist auf ihrem*seinem eigenen Weg zu Antirassismus und Befreiung. Diese Wege werden sich irgendwann treffen und zusammen weiterführen, doch zuerst muss jede*r ihrem*seinem eigenen Pfad folgen. Auf dieser Reise lernst du dich sehr gut kennen. Und wenn du denkst, du wüsstest, wer du bist, entdeckst du wieder etwas Neues.

Unsere Wege sind verschieden, weil wir nicht gleich sind. Unsere Wege werden sich treffen, weil wir uns für dieselbe Sache einsetzen. Es mag sich unbehaglich anfühlen, wenn unsere verschiedenen Wege zusammenlaufen, weil unsere Erfahrungen und unsere Geschichten verschieden sind. Wir haben unterschiedliche Stärken, die uns nützlich sein werden, wenn wir ein starkes Bündnis solidarischer Partner*innen bilden ...

ICH LASSE DIE TÜR FÜR DICH OFFEN, BITTE LASS SIE OFFEN FÜR DIE, DIE NACH UNS KOMMEN.

Tu was!

1. Wie sieht deine **Vision von Gerechtigkeit** aus?

Wie wird es aussehen, sich anfühlen und sein, wenn wir alle frei von rassistischem Denken und Handeln sind? Wie malst du dir aus, wie wir dorthin gelangen? Welche Rolle spielst du dabei?

2. Finde dein Lied, Gedicht oder Kunstwerk. Eines, auf das du immer wieder zurückgreifen kannst, weil es dich zum Weitermachen inspiriert, wenn du müde bist. (Meins ist „Babylon System“ von Bob Marley.) Vielleicht ist deins „Anti-Racist Youth“, das englische Gedicht auf der nächsten Seite.

ANTI-RACIST YOUTH

Don't be afraid of the earthquake that
rumbles in your stomach
The tsunami tumbling through
your lungs
The hurricane binding your liberation
with mine
It is the winds of change and time
It is your cosmic task
You are no longer bounded to
your mask

The wildfires your ancestors ignited in
you blaze through your voice
You have a human right of freedom and
choice

You are an anti-racist youth
You live in justice and in truth

Don’t be afraid of the rage that
will erupt
There is a place for every emotion
There will be many moments of inequity
and oppression
You can either fold into yourself or
continue to question
Don't be afraid to disrupt
Agitate the system and be abrupt

The wildfires your ancestors ignited in
you blaze through your voice
You have a human right of freedom and
choice

You are an anti-racist youth
You live in justice and in truth

Amelia Allen Sherwood

FUSSNOTEN

1. Der schwedische Naturforscher Carl von Linné gilt als „Vater der Taxonomie", sein berühmtestes Werk ist das 1735 erschienene *Systema Naturae*. Bis heute verwenden wir eine an ihn angelehnte Klassifizierung von Pflanzen und Tieren nach Familie, Gattung, Art etc. Er schuf auch Kategorien für Menschen, denn er war der erste Wissenschaftler, der neben Tieren auch Menschen systematisch in Gruppen einteilte. Seine fünf Kategorien beruhen hauptsächlich auf Geografie und der Vorstellung verschiedener „Hautfarben". Die vier behaupteten „Rassen" waren: Europäer*innen („*weiß*"), Amerikaner*innen („rötlich"), Asiat*innenen („gelb") und Afrikaner*innen („schwarz"). „Homo monstrosus" Linné 1758 (1735), S. 22 nannte er eine letzte Gruppe, in die er Menschen mit „deutlichen Missbildungen" einordnete. Johann Blumenbach setzte Linnés Werk fort. Er fügte eine fünfte „Rasse" hinzu und bemerkte, die Menschen aus der Kaukasusregion seien seiner Meinung nach die schönsten. Er unterteilte Menschen in kaukasische, malayische, äthiopische, amerikanische und mongolische „Rassen". Blumenbach ordnete die verschiedenen Menschengruppen nach „körperlicher Schönheit" (die subjektiv ist). Er glaubte auch, dass alle Menschen fähig seien, menschliche Vollkommenheit zu erreichen. Damit legte er, beruhend auf dem Glauben, Menschen könnten im Laufe der Zeit *weißer* und damit anziehender werden, das Fundament für Assimilation.

2. Der Begriff Latinx ist auf elegante Art genderneutral, aber er verstärkt nach wie vor den Eurozentrismus. Üblicherweise werden damit Menschen bezeichnet, die in Ländern leben oder deren Vorfahr*innen aus Ländern stamm(t)en, die einst von den Spanier*innen und anderen Nationen kolonisiert wurden, deren Sprachen lateinischen Ursprungs sind. Der Begriff Latinx beschreibt eine große und vielfältige Gruppe von Menschen, genau wie Asiat*innen sich auf Menschen aus Afghanistan, Japan, dem Jemen und allen Länder dazwischen bezieht. Ich bemühe mich, die vielen Bevölkerungsgruppen, die kolonisiert wurden, anzuerkennen und herumzuerzählen, dass es ermächtigend ist, ihre Namen aus der Vergangenheit zurückzuholen und zu lernen: Taíno, Quichol, Q'eqchi', Zapotec und viele anderen.

3. Aus *Über die natürlichen Verschiedenheiten im Menschengeschlechte* von Johann Friedrich Blumenbach, 1798.

4. Ich habe mich nicht immer als Schwarz mit einem Schwarzen und einem *weißen* Elternteil bezeichnet, sondern mich ganz unterschiedlich benannt: „gemischt", „halb Schwarz", „anders", „biracial", „multiracial", „halb und halb" und so weiter. Ich mag das

Wort „gemischt“ nicht, um Menschen zu beschreiben. Ich bin ein ganzer Mensch. Niemand musste mich in einer Schüssel mischen, um mich zu der zu machen, die ich bin. Wenn ich mich in einem Formular in der Schule zuordnen musste, gab es normalerweise nur eine begrenzte Auswahl: „Schwarz“, „*weiß*“, „Asiatisch“, „Native American“, „Native Hawaiian“ und „andere“. Ich wählte oft „andere“, weil ich nur eins ankreuzen durfte. Mit „andere“ fühlte ich mich aber auch nicht wohl, denn es gab mir das Gefühl, als gehörte ich keiner sozialen Gruppe an, als wäre ich allein. Ich spreche von mir selbst auch nicht gern als halb von irgendwas, denn das wäre so, als wäre ich kein ganzes Ich. Nur die Hälfte von etwas zu sein ehrt meine Ganzheit nicht. Wenn ich mich im Hinblick auf Rassismus positionieren muss, dann ziehe ich „Schwarz mit einem Schwarzen und einem *weißen* Elternteil“ vor.

5. University of Wisconsin-Milwaukee. „Children Are Not Colourblind: How Young Children Learn Race“, E. N. Winkler, Ph.D.

6. Agentur der Europäischen Union für Grundrechte. „Als Schwarzer in der EU leben. Zweite Erhebung der Europäischen Union zu Minderheiten und Diskriminierung.“ 2018

7. BBC News. „Grenfell Tower fire: Who were the victims“, 30. Mai 2018.

8. The Guardian. „Khan attacks May on ‚inhumane‘ treatment of Grenfell families“, 9. Juni 2018.

9. The Independent. „The victims of Grenfell need answers and justice – but even more urgently they need homes“, 13. Juni 2018.

10. The Guardian. „Housing market racism persists despite ‚fair housing‘ laws“, 24. Januar 2019.

11. Wall Street Journal. „Black Homeownership Drops to All-Time Low“, 15. Juli 2019

12. The Root. „Flint: On This Day 4 Years Ago, the Water Crisis Started. The Water Is Still Not Safe“, 25. April 2018.

13. The Independent. „Flint water crisis: Race ‚was factor‘ in authorities' slow and misleading response“, 28. Mai 2018.

14. „The Stephen Lawrence Inquiry, W. Macpherson, Februar 1999.

15. 30. US Department of Education. „The State of Racial Diversity in the Educator Workforce“, Juli 2016.

16. 20. 21. Black Stats: African Americans by the Numbers in the Twenty-First Century by M. W. Morris

17. BBC News. „Five charts that tell the story of diversity in UK universities“, 24. Mai 2018.

18. National Centre for Education Statistics. „College Enrollment Rates“ aus The Condition of Education, 2019.

19. ThoughtCo, „How Racism in Health

Care Has Affected Minorities Over the Years", 18. März 2017.

22. National Centre for Biotechnology Information. „Implicit Racial/Ethnic Bias Among Health Care Professionals and Its Influence on Health Care Outcomes: A Systematic Review." Von W. J. Hall, PhD, et al., 2015.

23. National Centre for Biotechnology Information. „Racial bias in pain assessment and treatment recommendations and false beliefs about biological differences between blacks and whites" by K. M. Hoffman, et al, 2015.

24. Medical News Today. „‚Unconscious' Racial Bias among Doctors Linked to Poor Communication with Patients", 16. März 2012.

25. American Journal of Public Health. „The Influence of Implicit Bias on Treatment Recommendations for 4 Common Paediatric Conditions", by J. Sabin PhD, et al, 2011.

26. The Atlantic. „How Stand Your Ground Relates To George Zimmerman", T. Coates, 16. Juli 2013.

27. Inequality.org. „Facts: Racial Economic Inequality", [https://inequality.org/facts/racial-inequality/]

28. The Northern Plains Reservation Aid. History and Culture: Boarding schools.

29. The Guardian. „UK removed legal protection for Windrush Immigrants in 2014", 16. April 2018

31. Cooperative Children's Book Centre. „Statistics on Multicultural Literature", 2017.

32. UCLA College, Social Sciences. „Hollywood Diversity Report 2018: Five Years of Progress and Missed Opportunities" Dr D. Hunt et al.

GLOSSAR

AAVE – (Abkürzung für African American Vernacular English) Das afroamerikanische Englisch ist eine Varietät des Englischen, die aufgrund des Rassismus in den USA stigmatisiert wird.

Angehörige der Globalen Mehrheit – Eine ermächtigende, auf Menschen ausgerichtete Bezeichnung, die daran erinnert, dass BIPoC in der Welt (zahlenmäßig) die Mehrheit bilden.

Anthropolog*in – Wissenschaftler*in, die*der Menschen untersucht, in der Vergangenheit und in der Gegenwart. Untersucht wird, wie Menschen leben und miteinander interagieren, sowie Sprache, Kultur und Traditionen und Verhaltensweisen.

Assimilieren – Die Gewohnheiten, Eigenheiten und Vorstellungen einer dominanten Gruppe zu übernehmen, um dazuzugehören und/oder nicht aufzufallen.

BIPoC – Abkürzung für Black (Schwarze Menschen), Indigenous, People of Colour.

Cis – Wenn die persönliche Geschlechtsidentität mit dem zum Zeitpunkt der Geburt zugewiesenen Geschlecht übereinstimmt.

Diskriminierung – In Gedanken und Handlungen eine Gruppe einer anderen vorziehen (sowohl bewusst als auch unbewusst aufgrund von Vorurteilen). Die benachteiligende Behandlung von Menschen, die andere soziale Identitäten haben als die eigenen, aus dominanter machtvollerer Position.

Ethnische Herkunft – Die kulturelle Erfahrung: Sprache/n, Traditionen, die Geschichte der Vorfahr*innen. Ethnische Herkunft ist nicht dasselbe wie die soziale Kategorie „Rasse".

Femme – Z.B. eine lesbische Person, die sich auf traditionell feminine Merkmale bezieht Auch nichtbinäre Personen nutzen den Begriff für sich.

Gender – Das soziale Geschlecht im Unterschied zum biologischen Geschlecht. Die auf der von der dominanten Kultur geschaffenen Vorstellung davon, was als maskulin und was als feminin gilt, basierende soziale Konstruktion oder Darstellung der Rolle eines Menschen in der Gesellschaft. Gender wird nicht durch das Geschlecht bestimmt, das einem Menschen zum Zeitpunkt der Geburt zugewiesen wird.

Gender-Identität – Dein persönliche Vorstellung davon, wer du bist. Sie kann dem Geschlecht entsprechen, das dir zum Zeitpunkt der Geburt zugewiesen wurde, oder sich davon unterscheiden.

Handlungsmacht – Die Macht, eine Wahl und oder/Entscheidung zu treffen und Dinge zu verändern.

Heterosexuell – Ein Mensch, der sich von einem anderen Geschlecht angezogen fühlt.

Institutionen – Etablierte Gesetze, Politiken, Gewohnheiten und Vorgehensweisen, die Teil der Kultur und der Lebensweise sind.

Internalisieren – Gedanken, Verhaltensweisen und Handlungsweisen der dominanten Gruppe in den eigenen Glauben und die eigenen Werte zu übernehmen.

Intersektionalität –beschreibt die Überschneidung und Gleichzeitigkeit von verschiedenen Diskriminierungskategorien gegenüber einer Person.

Kolonisator*in – Ein Mensch, die*der ihre*seine Macht nutzt, um eine andere Gruppe von Menschen, die sie*er als unterlegen erachtet, zu unterdrücken. Durch die Kolonisation – wenn eine Gruppe die Kontrolle über eine andere übernimmt – nutzen Kolonisator*innen Gewalt und Manipulation, um die Macht und die Kontrolle über Land und Ressourcen zu erlangen und behalten.

Kompliz*innenschaft – Bei etwas mitmachen, was anderen schadet. Kompliz*innen machen sich (mit)schuldig, indem sie dabei mitmachen, wenn andere eine Straftat oder Ungerechtigkeit begehen.

Latinx – Gender-neutraler Begriff für Menschen, die aus Lateinamerika stammen und/oder deren Vorfahr*innen von dort stammen. Weil die Menschen aus diesen Ländern und Orten einst von Spanien und anderen Nationen, deren Sprachen lateinischen Ursprungs sind, kolonisiert wurden, werden sie unter dem Begriff Latinx zusammengefasst. (Siehe S. 154)

Marginalisiert – Außerhalb der imaginären Schublade der dominanten Kultur zu sein und so behandelt zu werden, als wäre man unbedeutend und unterlegen. Marginalisierung ist die vorsätzliche Entmachtung von Menschen, denen der Zugang zu Ressourcen und Macht verwehrt wird.

Nationalität – Zugehörigkeit eines Menschen zu einem Land aufgrund ihrer*seiner Staatsangehörigkeit.

Neurodiversität – Das Konzept versteht neurologische Diversität (wie ADHS, Autismus, Dyslexie, Tourette-Syndrom) als natürliche Formen der menschlichen Diversität, die durch genetische Variation entstehen. Es erkennt an, dass diese Diversitäten oft nicht sichtbar sind und dass Menschen, die neurodivers sind, weder krank, noch ungezogen, noch „beschädigt“ sind.

Neurotypisch – Menschen, die bezüglich neurologischer Entwicklung und Status mit dem übereinstimmen, was gemeinhin als normal gilt.

Nichtbinär – Wenn sich eine Person ohne Gender oder mir einem Gender, das zwischen (oder jenseits von) Mann und Frau liegt, definiert. Eine breit gefächerte Kategorie und nicht alle nichtbinären Menschen empfinden dasselbe.

Privilegien – Nutzen, Vorteile und Macht aufgrund von sozialen Identitäten der dominanten Kultur. Privilegien werden von Institutionen und sozialen Normen, die von denen geschaffen wurden, die sich in der imaginären Schublade befinden, gewährt und gutgeheißen.

„Rasse" – ein soziales Konstrukt, das Menschen auf Grundlage der Idee von „Hautfarben" und anderen körperlichen Merkmalen unterteilt. „Rasse" beruht nicht auf wissenschaftlichen Tatsachen und ist auch nicht genetisch begründet.

Rassismus – Rassismus sind persönliche Vorurteile und Ressentiments UND systemischer Machtmissbrauch durch Institutionen.

Sexuelle Orientierung – Soziale Identität, die mit dem Gender korrespondiert, zu dem man sich sexuell hingezogen fühlt.

Solidarität – Aufgrund gemeinsamer Ziele, Aktivitäten und Ideen in einer Haltung der Verbundenheit zusammenkommen und dauerhafte Beziehung mit einem Menschen oder einer Gruppe aufbauen.

Soziales Konstrukt – Ein Konzept, das von der Gesellschaft geschaffen wurde.

Sozioökonomische Klasse – Die von der Gesellschaft konstruierte Hierarchie, die auf ökonomischem Wohlstand und Mobilität beruht. Je höher die Klasse ist, desto größer sind üblicherweise auch ihr Einfluss und ihre Macht.

Stereotyp – Eine geläufige, zu stark vereinfachte und/oder verzerrte Beschreibung einer Person oder einer Gruppe etc., die nicht auf Fakten beruhen.

Systematisch – Methodisch und geplant.

Systemisch – Etwas, was im Laufe der Zeit ein gesamtes System (z.B. eine Institution) als Ganzes betrifft.

Taxonomie – System der Klassifikation von Organismen in Kategorien oder Klassen.

Trans – Wenn die persönliche Geschlechtsidentität mit dem zum Zeitpunkt oder Geburt zugewiesenen Geschlecht nicht übereinstimmt.

Traumata unserer Vorfahr*innen – Die Übertragung von Traumata von einer Generation an die nächste.

Überlegen – Der Glaube, man sei besser als jemand anders.

Unterdrückung – Die systemische und systematische Benachteiligung einer oder mehrerer Gruppen durch eine mächtige Gruppe.

Unterlegen – Das Gefühl vermittelt zu bekommen –und es zu verinnerlichen–, weniger wert zu sein als andere, nicht gut genug zu sein.

Versklavung von Menschen (vorrangig Schwarze Menschen) wurden als Besitz betrachtet und ihr Status als Versklavte wurde von Generation zu Generation weitergegeben.

Vorurteil – Persönliche Vorliebe für oder Abneigung gegen ein Individuum oder eine Gruppe, die das eigene Urteil beeinflusst.

***Weiße* Vorherrschaft** – Die Überzeugung, *Weiße* wären BIPoC überlegen.

AUSWAHLBIBLIOGRAFIE

Bücher:

Adams, Maurianne u.a. (Hg.). *Readings for Diversity and Social Justice*.

Coates, Ta-Nehisi. *Between the World and Me*. (*Zwischen mir und der Welt*. Dt. von Miriam Mandelkow. München: Hanser Berlin 2016)

Coates, Ta-Nehisi. *We Were Eight Years in Power*. (*We were eight years in power. Eine amerikanische Tragödie*. Dt. von Britt Somann-Jung. Bonn: Bundeszentrale für politische Bildung 2018)

Cooper, Brittney C. Eloquent Rage: *A Black Feminist Discovers Her Superpower*.

Davis, Angela Yvonne. *Freedom Is a Constant Struggle: Ferguson, Palestine and the Foundations of a Movement. Freiheit ist ein ständiger Kampf*. Dt. von Sven Wunderlich. Münster: Unrast Verlag 2016)

Davis, Angela Yvonne. *Women, Race & Class*. (*Rassismus und Sexismus: Schwarze Frauen und Klassenkampf in den USA*. Dt. von Erika Stöppler. Berlin: Elefanten Press Verlag 1982)

Dunbar-Ortiz, Roxanne. *An Indigenous Peoples' History of the United States*.

Eddo-Lodge, Reni. *Why I'm No Longer Talking to White People About Race*. (*Warum ich nicht länger mit Weißen über Hautfarbe spreche*. Dt. von Anette Grube. Stuttgart: Tropen Verlag 2019)

Hasters, Alice. *Was weiße Menschen nicht über Rassismus hören wollen, aber wissen sollten*. Berlin: Hanserblau 2019

Hurston, Zora Neale. *Barracoon*. (*Barracoon. Die Geschichte des letzten amerikanischen Sklaven*. Dt. von Hans-Ulrich Möhring. München: Penguin Verlag 2020)

Kendi, Ibram X. *Stamped from the Beginning: The Definitive History of Racist Ideas in America*. (*Gebrandmarkt. Die wahre Geschichte des Rassismus in Amerika*. Dt. von Susanne Röckel u.a. München: C.H. Beck Verlag 2017

Lorde, Audre. *Sister Outsider: Essays and Speeches*.

Malavé, Idelisse and Esti Giordani. *Latino Stats: American Hispanics by the Numbers*.

Mann, Charles C. *1491: New Revelations of the Americas Before Columbus*, 2019. (*Amerika vor Kolumbus: Die Geschichte eines unentdeckten Kontinents*. Dt. von

Bernd Rullkötter. Reinbek: Rowohlt Verlag 2016)

Morris, Monique W. *Black Stats: African Americans by the Numbers in the Twenty-First Century.*

Ogette, Tupoka. *Exit RACISM: rassismuskritisch denken lernen*. Münster: Unrast Verlag 2019

Olusoga, David. *Black and British: A Forgotten History.*

Saad, Layla F. *Me and White Supremacy.*

Sow, Noah. *Deutschland Schwarz Weiss: Der alltägliche Rassismus*. München: C. Bertelsmann 2008

Takaki, Ronald. *A Different Mirror: A History of Multicultural America.*

Tatum, Beverly Daniel. *'Why Are All the Black Kids Sitting Together in the Cafeteria?' And Other Conversations About Race.*

X, Malcolm / Alex Haley. *The Autobiography of Malcolm X.* (*Malcolm X. Die Autobiographie*. Dt. von Dieter Brünn. Bremen: Atlantik Verlag 2003)

Dokumentarfilme:

Bratt, Peter. 'Dolores', 2018.

DuVernay, Ava. '13th', 2016.

Olsson, Göran. 'The Black Power Mixtape 1967-1975', 2011.

Nelson Jr, Stanley. 'The Black Panthers: Vanguard of the Revolution', PBS, 2015.

Peck, Raoul. 'I Am Not Your Negro', 2017.

WEITERE LEKTÜRE

Sachbücher:

Gates Jr, Henry Louis, with Tonya Bolden. *Dark Sky Rising: Reconstruction and the Rise of Jim Crow.*

Guo, Winona and Priya Vulchi. *Tell Me Who You Are: Sharing Our Stories of Race, Culture and Identity.*

Lewis, John. *March*. Graphic Novel Serie.

Loewen, James W. *Lies My Teacher Told Me: Young Reader's Edition.*

Stevenson, Bryan. *Just Mercy: A Story of Justice and Redemption.* (*Ohne Gnade. Polizeigewalt und Justizwillkür in den USA*. Dt. von Jürgen Neubauer. München: Piper Verlag 2016

Wilson, Jamia and Andrea Pippins. *Step Into Your Power.*

Zinn, Howard. *A Young People's History of the United States.*

Romane:

Ahmed, Samira. *Internment.*

Chanani, Nidhi. *Pashmina.*

Diaz, Natasha. *Colour Me In.*

Dimaline, Cherie. *The Marrow Thieves.* (*Die Traumdiebe*. Dt. von Stefanie Frida Lemke. München: Heyne Verlag 2020)

Parker Rhodes, Jewell. *Ghost Boys.*

Peña, Matt de la. *Mexican Whiteboy.*

Reynolds, Jason. *Long Way Down.* (*Long Way Down*. Dt. von Petra Bös. München:

Deutscher Taschenbuch-Verlag 2019)

Stone, Nic. *Dear Martin.* (*Dear Martin.* Dt. von Karsten Singelmann. Reinbek: Rowohlt Verlag 2018

Watson, Renee and Ellen Hagan. *Watch Us Rise.*

Yang, Gene Luen. *American Born Chinese.*

Zoboi, Ibi (ed). *Black Enough: Stories of Being Young & Black in America.*

Tiffany Jewell & Aurélia Durand

THIS BOOK IS ANTI-RACIST

This edition published by arrangement with Frances Lincoln Children's Books,
an imprint of The Quarto Group

3. Auflage 2025

Zuckersüß Verlag ist eine Marke der Luna Ventures GmbH
Prenzlauer Allee 186 | D-10405 Berlin | hallo@zuckersuessverlag.de

ISBN 978 3 9821379 3 3
Gedruckt in Lettland

MIX
Paper | Supporting responsible forestry
FSC® C014521

Druckprodukt mit finanziellem
Klimabeitrag
ClimatePartner.com/27437-2505-1005

Übersetzung: Elvira Willems
Lektorat: IDB | Institut für diskriminierungsfreie Bildung
Verleger*innen: Anna & Lukas Kampfmann

Für Vincent & Zoë

Zuckersüß

www.zuckersuessverlag.de

Hinweis. Die Webseiten, die in diesem Buch aufgeführt sind, sind das Eigentum der jeweiligen Besitzer. Der Zuckersüß Verlag hat keinen Einfluss auf die Webseiten, die in diesem Buch genannt werden, und trägt keine Verantwortung für die Inhalte, Genauigkeit oder die Produkte und Dienstleistungen, die auf diesen Webseiten angeboten werden. Eine Inanspruchnahme der Dienstleistungen, die auf diesen Webseiten angeboten werden, erfolgt auf eigene Gefahr. Daher empfehlen wir, die allgemeinen Geschäftsbedingungen, Datenschutzerklärung und sonstige Hinweise der Webseiten zu lesen, bevor diese benutzt werden. Dieses Buch ist eine Veröffentlichung des Zuckersüß Verlags und wurde von keiner anderen Person oder Körperschaft genehmigt, empfohlen oder lizenziert.